중독 A to Z

(부제: 중독의 덫에서 자유하라!!!)

다음세대 A to Z 시리즈1

중독 A to Z
(부제: 중독의 덫에서 자유하라!!!)

초판 1쇄 인쇄 2019년 3월 18일
초판 1쇄 발행 2019년 3월 22일
저자 김상철, 김영한, 나도움, 이상준, 조믿음 공저

펴낸 곳 넥스트세대
주소 경기도 과천시 별양상가2로 14 314호
전화 050-6558-0253
홈페이지 http://nextgm.onmam.com
이메일 nextgmini@gmail.com
등록 2019년 2월 14일 제 2019-000003 호

총판 하늘물류센타
전화 031-947-7777
팩스 0505-365-0691

중독
A to Z

부제: 중독의 덫에서 자유하라!!!

김상철, 김영한, 나도움, 이상준, 조믿음 공저

차례

차례

추천사

✝ 궁인 목사(휴스턴 새누리교회 담임) ✝

얼마 전 베트남에서 겪은 일이다. 주일 아침 교회에 가기 위해 준비하던 순간, 창밖에서 "쿵!"하는 육중한 소리가 들렸다. '설마'라는 생각과 동시에 그 소리의 의미를 본능적으로 느꼈다. 20대 베트남 청년이 아파트 15층에서 뛰어내려 사망했다. 그 친구는 베트남에서도 매우 부유한 집의 자녀였다. 그래서 그의 죽음이 더욱 궁금했다.

무슨 사연일까? 왜 죽었을까? 나중에 알게 되었다. 마약에 취해 환각 속에서 뛰어내렸다. 흔히 '중독'이라고 하면 자극적인 이미지가 떠오른다. 흐릿한 눈동자, 흔들거리는 몸, 흐트러진 삶 그리고 죽음. 중독의 이미지를 생각할 때 보통 자신은 중독과 아무런 관계가 없다고 믿는다.

그러나 안타깝게도 우리는 모두 중독자일 수 있다. 중독된 삶을 살고, 자살과 같은 극단적인 선택이 아니더라도 만성적인 중독으로 자발적 죽음을 맞이할 수도 있다.

비록 나는 잘 조절하며 산다고 믿지만. 담배, 음주, 도박, 게임, 운동, 음란물, 하다못해 핸드폰이 나의 모든 시간을 지배한다. 그런 우리에게 이 책은 평생 잊지 말아야 할 중독의 정의를 알려준다. '하나님보다 다른 것을 더 사랑하는 증상'이 중독이다.

우리는 자신도 모르게 즐거움을 주는 무엇에 빠져들기로 동의하고, 그 즐거움에 굴복되고, 종국에는 정상적인 삶마저도 양도한다. 이런 중독은 종교도 예외가 아니라고 책은 말한다. 왜냐하면 우리는 종종 하나님과의 진정한 교제가 아닌, 인간적인 종교의식에서 만족을 누리기 때문이다.

이 책은 종교마저도 중독의 대상이 될 수 있다고 말하고, 세상에서 중독을 극복하고 하나님과 온전한 관계를 회복할 수 있는 길을 제시한다. 책을 읽는 모든 사람은 자신의 삶을 되돌아보고 주님과의 친밀한 교제를 회복하게 될 것이다. 그리고 진정으로 이 땅에서 찾을 수 없는 천국의 기쁨을 누리게 될 줄로 믿는다.

⁺박훈 목사(푸른숲교회 담임) ₊

게임에 빠져 낮과 밤이 바뀌어버린 중학생을 안다. 학교에서는 거의 잠만 자다가 온다. 남들과 비교해 자기 자신을 낮추다가 자존감이 한없이 낮아져 우울증에 빠진 청년도

있다. 부모님, 가족, 친구, 직장 동료까지 가장 가까운 사람도 잘 믿지 못한다.

부모가 스마트폰을 보여주며 키운 아이도 있다. 유치원에 다니는 지금도 스마트폰이 없으면 밥도 안 먹고, 잠도 안 잔다. 우리나라에 현재 900만 명이나 중독에 빠져있다고 해도 전혀 놀랍지 않은 이유다. 중독은 가까이에 있을 뿐 아니라 하나님께서 주신 귀한 인생을 낭비하게 만든다. 악한 마귀가 중독을 도구로 쓴다. 이 책은 중독의 심각성에 대해 이야기하고, 어떻게 극복할 수 있는지를 말한다. 방법은 복음이다!

얼마 전 〈Next 세대 Ministry〉와 〈파이오니아 21 연구소〉가 공동 주최한 중독 세미나에서 김상철 감독이 소개한 〈BETEL〉의 사역 이야기를 들었다. 중독자들이 〈BETEL〉공동체에 들어와 1년을 넘게 생활하면 예수님을 영접하고, 90%는 회복된다! 다른 기관이나 프로그램은 회복률이 10%가 채 안 된다. 그렇다! 복음이 길이다! 이 책은 중독, 중독의 실제 사례, 중독의 해결책인 복음의 역사를 나눈다! 꼭 읽어야 할 책이다!

+ 반세호 목사(지구촌교회 수지대학지구 담당) +

성경은 우리 생명의 근원이 되는 마음을 지키라고 여러 차례 강조한다(잠4:23, 신8:5, 신15:9 등). 악한 사단의 전략은 인간의 마음을 훔치는 데 있기 때문이다(고후11:3). 이 책은 사단에게 빼앗긴 다음 세대의 마음을 되찾기 위해 몸부림친 씨름의 결과물이다. 단순한 중독의 원인과 결과를 규명하는 데 목적을 두지 않고, 지금 당장 중독의 늪에 빠진 사람의 손을 잡아 일으키는 심정으로 실제적인 이야기를 담아내려 노력했다. 중독의 고통을 겪고 있는 이들은 물론, 그들을 위해 눈물로 기도하는 가족들과 교회 리더들에게 유용한 책이다.

+ 이상갑 목사(산본교회 담임목사, 청년사역연구소 대표) +

우리 시대는 중독의 시대이다. 자의든 타의든 중독 속에서 살아간다. 그리스도인에게는 중독을 이기는 다른 길이 있다. 예수의 길이다. 중독되면 될수록 자유와 평안이 있는 길이다. 이 책은 실제적이다. 구체적이다. 개인적이다. 그래서 중독의 문제로 고민하는 이들에게 도움이 된다. 꼭 필요한 책이 나와서 기쁨으로 추천한다.

+ 이승훈 목사(베이스교회 담임) +

흔히 중독 사역은 깨진 항아리에 물을 붓는 일이라고 한다. 그 시간에 다른 일에 집중하고 성도들을 목양하는 것이 지혜라고 말한다. 어느덧 우리는 승산이 적거나 결과가 가시적으로 보이지 않는 일에 도전하지 않고 있다.

중독은 치료할 수 있다. 십자가를 통해 공동체가 함께 해 줄 때 수많은 종류의 중독(알코올, 마약, 성, 도박, 인터넷)에서 자유 할 수 있다. 예배를 통해 예수 중독자로 변화될 수 있다.

그렇다고 누구나 한 영혼을 구원해내고 중독된 자들의 삶을 변화시킬 수 있는 현실은 아니다. 중독의 덫이 강력한 만큼 이 사역에 소명이 있는 자들의 전문성과 헌신이 절실히 필요하다. 이런 맥락에서 중독에 대한 책과 영화가 나오는 것은 굉장히 유의미한 일이다.

한국교회 다음 세대 사역의 골든타임이 이제는 지났다고 느낄 만큼 청년들이 교회에서 사라지고 있다. 이러한 때에 중독 사역은 이 땅과 교회에 없어서는 안 된다. 현재와 미래에 대한 절망과 두려움을 홀로 짊어지고 있는 청년들을 중독의 늪에서 끌어내야 한다. 복음의 전략과 지혜가 이들을 살린다.

+ **지현호 목사(올리브 선교회 공동대표)** +

몇 년 전 한 정신병원에서 환우들을 위해 매주 토요일마다 예배를 드린적이 있다. 병원에는 180명 이상의 알코올 중독자들이 입원해 있었는데 환우들은 소망 없는 눈빛과 힘없이 축 늘어진 어깨로 신세 한탄과 억울함을 토해내고 있었다.

토요일마다 예배를 드리며 환우들에게 최선을 다했다. 그분들의 이야기를 들어주며 상담도 해주었다. 상담을 통해 환우들 대부분이 가정과 사회에서 버림받아 인생의 마지막을 앞두고 병원에 입원했다는 사실을 알게 되었다. 최선을 다했음에도 불구하고 늘 반복되는 환우들의 술주정을 보는 일과 건강이 악화되어 죽음에 이른 환우 소식을 들을 때마다 깊은 절망감에 빠졌다. 아무 일도 할 수 없었다. 그 때부터 중독문제의 심각성에 대해 깊게 고민하게 되었다.

시간이 흘러 이런 고민을 해결할 수 있는 좋은 책을 발견하게 되어 정말 감사하기만 하다. 이 책은 중독에 관한 이론과 실제가 탄탄하게 구성되어 있다. 중독의 원인과 과정 그리고 치유와 해결을 다룬 목회 현장의 이야기들이 가득 차 있다. 중독에 관한 이해와 해결방안을 찾고 있는 이들에게 좋은 길잡이가 될 것이라 확신한다. 목회자뿐만 아니라 정신병원 리더십 그리고 중독으로 인한 아픔을 가지고 있는 가족들은 꼭 읽어보기를 강력히 추천한다.

+ 주경훈 목사(오륜교회 꿈이있는미래 소장) +

다음 세대 사역자들의 필독서가 나왔다. '헬(hell)지옥' 속에서 '이생망'(이번 생은 망쳤다)을 외치는 수많은 다음 세대들이 중독에 노출되어 있다. 지금 이 시각에도 수많은 다음 세대들이 블랙홀과 같은 무력감에서 벗어나기 위해 중독의 주변에서 서성이고 있다.

다음 세대 사역자로서 이들을 돕고 싶다면 이 책을 반드시 읽어보기를 바란다. 중독에 관한 한 가장 실제적이고 성경적인 책을 추천하게 되어 감사하다.

중독사회

중독이 범람하는 시대다. 보건복지부 등의 각종 통계에 따르면 대한민국은 알코올 중독자와 도박 중독자가 각각 200만 명이 넘는 나라다.

지난 2013년 EBS 다큐프라임 〈술의 경고〉는 우리 사회에 큰 경각심을 불러일으켰다. 〈술의 경고〉는 1부 '엄마는 알코올 중독자' 편, 2부 '알코올에 사로잡힌 아이들' 편으로 방영되었다. 1부에서는 시댁 혹은 남편과의 갈등으로 주방에서 혼자 술을 마시는 키친 드렁커(kitchen drunker)가 60%라고 알렸다. 이들은 간암, 유방암 등 64가지 질병에 노출된다. 술을 마시는 산모들의 경우 태아 알코올 증후군, 성인 아이를 유발한다고 전했다.

2부에서는 대한민국 청소년들의 술 문제가 다뤄졌다. 일반적으로 청소년들이 처음 술을 접하는 나이는 13세라고 한다. 15세 이전에 술을 마시면 성인이 된 후 마신 사람보다 알코올 중독에 빠질 위험이 5배가 높다. 방송은 10대 알코올 중독자와 고위험 음주율이 빠르게 늘고 있다고 전한다. 청소년 시기의 음주는 뇌세포를 손상시켜 성장 및 학습 장애, 불안과 우울증을 불러온다고 알렸다.

도박의 문제도 심각하다. 사행사업통합감독위가 2014년 9월에 발표한 『2013 사행산업 백서』에 따르면, 대한민국 국민의 도박중독 유병률(CPGI)은 9.5%다. 유병률이란 특정 시점 혹은 지역에 장애, 질병, 심리 상태를 지니고 있는 사람의 수를 전체 인구수로 나눠 계산한 퍼센티지를 뜻한다. 도박중독 유병률 9.5%는 선진국의 3~4배 수준이다.

인터넷 중독은 230만 명이 넘는다. 마약 관련 문제도 심각해지는 추세다. 해마다 마약으로 인해 처벌받는 사람들이 늘고 있다. 대검찰청이 해마다 발행하는 마약류 범죄백서에 따르면, 마약류 사범이 2012 9,255명, 2013년 9,764명, 2014년 9,742명, 2015년 1만 1,916명, 2016년 1만 4,214명으로 계속 증가하고 있다. 숨어있는 마약 사범이 약 30만 명이라는 예측도 나온다. 국제적으로 인구 10만 명당 마약류 사범이 20명 미만이면 마약 청정 국가로 인정한다. 한국은 더 이상 마약 청정 국가가 아니다.

중독에 빠졌다는 의미

대부분의 사람들은 자신이 무엇에 '중독'되어 있는지도 모른 채 산다. 중독이란 무엇인가?

'중독되었다'는 세 가지 의미와 특징을 가진다.

첫째, 습관적이다. 자신이 스스로 '중독에 빠졌다'라고 판가름하기는 쉽지 않다. 그런데 습관적으로 무엇을 계속한다면 중독일 수 있다.

둘째, 의존적이다. 그것을 하지 않으면 조급해지고, 불안하고, 우울해진다. 반대로 하고 있으면 굉장히 흥분하게 된다.

셋째, 행위 패턴이 있다. 좋지 않은 습관을 깨트리지 못하고, 반복해서 한다. 계속해서 마음과 발걸음이 중독으로 향하게 만든다.

중독의 언어적 정의

한자로 '중독'은 '中(가운데 중)'자와 '毒(독 독)'자를 사용한다. 독 가운데 빠져 헤어 나오지 못하는 상태를 뜻한다.

구약의 원어인 히브리어는 '독'이라는 단어를 '로오쉬'로 사용한다. 이는 '독이 든 상태'를 의미한다. '매우 악한 상태'에 빠진 것을 뜻하기도 한다. 아주 안 좋은 '독', 또 다른 말로 매우 안 좋은 '악'에 사로잡힌 것을 말한다.

신약에서는 헬라어로 '독'을 '이오스'라고 한다. 육체적인 욕망이라는 뜻이다. 죄성으로 인해 육체적인 탐욕에 취해 있는 상태를 말한다. 영어로는 'addiction'이라는 단어를 사용하는데 이 단어는 라틴어 'Addictus'에서 유래했다. 이 단어의 동사 'Addico'의 뜻은 '할애하다', '바치다', '헌신하다'라는 뜻이다. 이렇듯 중독에 빠진 사람은 시간, 재정, 에너지를 과도하게 할애하고, 낭비한다. 하나님의 나라와 주님이 주신 비전이 아니라 쓸데없는 일에 자신의 삶을 허비한다.

중독의 의학적 정의

의학적으로 중독은 인지적인 장애와 관련이 있다. 중독은 지력과 순간적 판단력에 악영향을 준다. 판단이 흐려진다. 결정이 늦어지고, 흔들린다. 물질, 습관, 행위가 통제되지 않는다. 자신을 통제하려고 하지만 실패한다. 음란 사이트 앞에서, 쇼핑몰 앞에서, 술과 마약 앞에서 자신을 제어하지 못한다.

　의학적으로 중독을 정의할 때 핵심이 되는 개념은 내성
(tolerance)과 금단증상(withdrawal symptom)이다. 내성
은 하면 할수록 점점 사용량이나 시간이 늘어난다. 뇌에는
즐거움을 느끼는 부위(도파민 회로, 중독회로, 보상회로)가
있는데 중독자는 똑같은 양이나 시간에는 만족감을 못 느
끼게 된다. 더 많은 시간이나 양을 주어야만 뇌가 만족을 느
낀다.

　금단증상(withdrawal symptom)은 물질 사용이나 행동
을 중단하였을 때 신체적, 정신적 이상증상이 나타나는 것
을 의미한다. 물질 중독, 행위 중독의 종류에 따라 금단증상
의 형태에서는 다소 차이가 있다. 알코올 중독, 마약 중독,
성 중독, 게임 중독. 스마트폰 중독자는 물질 사용이나 행동
을 중단했을 때 식은땀, 손 떨림, 불면, 일시적 환각, 정신적
초조 또는 무력감, 불안, 우울, 과민성 등 신체적, 정신적 금
단증상을 보인다.

　정신의학적 측면에서는 중독을 뇌의 질병(brain disease)
으로 생각한다. 금단증상이 나타남은 중독으로 인한 신체
적, 정신적 의존 상태에 접어들었다고 볼 수 있다. '중독이

냐, 아니냐'를 결정하는 가장 중요한 한 가지 기준은 '조절할 수 있는 능력의 유무'다. 우리가 사용하는 물질 또는 행동을 스스로 조절할 수 없다면 단순한 행동의 문제라기보다 중독에 가까운 상태다.

심리&사회학적 중독의 정의

심리&사회학적으로 중독은 스트레스 속 즉각적인 쾌락을 경험하고 싶어 하는 강박심리로 일어나는 현상이다. 중독에 빠지면 자신의 건강, 가정, 학업과 직업, 그리고 사회적 활동에 부정적 영향을 준다. 특정 행동에 대한 집착이 나타난다. 강박, 지속적 몰입, 통제감 상실이 일어난다.

2014년 홀리나잇(Holy Night)에서 찬양과 메시지를 전하러 와 주신 예배사역자와 식사를 하였다. 그는 음란물 중독자에 빠진 지체의 간증을 전해주었다.

한 지체가 교회 수련회에서 은혜를 듬뿍 받고 집으로 돌아갔다. 집에 돌아온 그는 습관적으로 컴퓨터를 켜고 그 앞에 앉았다. 그런데 곧이어 그의 눈에서 눈물이 흘렀다. 자신의 의지와 상관없이 어느새 음란물을 보고있는 자신을 발견했기 때문이다. 중독의 행위적 패턴에 빠져 무의식적으로 음란물을 보고 있었다.

중독은 통제가 안 된다. 끊기를 시도하면 금단현상이 나타난다. 외국에서는 마리화나가 담배보다 더 낫다고 얘기한다. 마리화나는 금단현상이 없다고 한다. 그러나 신빙성이 없다. 수많은 사람들이 마리화나를 끊지 못한다. 의지적으로 그만 피우려고 하지만 마리화나에서 빠져 나올 수 없다.

문제는 중독으로 인한 삶이 단순히 중독에 빠져 있는 모습으로만 나타나지 않는다는 점이다. 환각 상태에서 살고, 우울증으로 괴로워하다가 결국 자살을 하기도 한다. 중독으로 인한 삶은 자연스러운 즐거움(맛있는 음식, 인간관계, 대화, 사랑, 우정, 성취감)에 만족을 느끼지 못한다. 그래서 인위적으로 조작된 즐거움(마약, 술, 담배, 도박, 인터넷, 게임 등)에 취해 있다.

마리화나가 담배보다 금단증상이 덜하거나 없다고 이야기하지만 뇌에 미치는 영향(쾌감과 환각)은 더 강렬하다.

뇌의 중독 회로에 더 많은 영향을 미치기에 끊기 어렵다. 뇌는 물론 신체적, 정신적으로 더 나쁜 영향을 끼친다. 끊었을 때 신체적 금단증상이 적다고 해서 담배보다 더 낫다고 할 수 없다.

중독 안에서 느끼는 쾌감과 만족감은 일시적이며 절대 지속될 수 없다. 오히려 공허함으로 인해 우울감과 절망감에 빠지며 삶의 의미와 목적을 잃어버린다. 자살로 생을 마감하는 비율도 굉장히 높아진다.

밴쿠버 해스팅 스트릿

밴쿠버는 아주 화려한 도시다. 화려한 도시 속에 마약 거리가 있다. 수많은 노숙자들이 모여 사는 해스팅(Hasting) 길거리 숍에는 모두 쇠창살이 처져 있다. 마약과 알코올 중독자들이 함부로 물건을 훔치지 못하도록 해 놓은 것이다.

해스팅 거리에서 24년 간 사역을 하는 김용운 목사에게 한 가지 질문을 던진 적이 있었다.

"왜? 이런 살기 좋은 도시에 많은 사람들이 약을 하는지요?"

　김용운 목사는 옆에 앉아 있던 과거에 약물 중독자였던 할머니에게 대답해 줄 것을 요청했다. 그 할머니는 이렇게 답변했다.

　"도시에서 아무리 풍요롭게 사는 사람일지라도 공허합니다. 물질의 풍요로움이 소망을 주지는 못합니다."

　할머니가 말을 마치자 김용운 목사는 이렇게 말했다.

　"늪에 빠지기는 쉽지만 빠져나오고 다시 회복하기는 힘들고 오랜 시간이 걸립니다. 영적인 타락이 곧 중독에 빠지게 하고 죽게 합니다. 밴쿠버에는 매년 일천 명이 마약과 중독으로 죽습니다. 노숙자뿐만 아니라 각계각층의 사람이 죽어가고 있습니다."

　마약 중독자들의 상당수가 처음에는 호기심으로 마약을 접한다. 이후에는 마약의 노예가 되어 인생을 망치게 된다. 쾌락을 추구하다 접한 마약 때문에 자신도 망치고, 타인도 망친다.

　상대방의 돈을 뺏는 가장 쉬운 방법 중 하나가 상대방을 마약 중독자로 만들어 버리는 것이다. 실제로 성적 착취를 위해 여성을 마약 중독자로 만들고 마약을 미끼로 성적 착취를 일삼는다.

마약 중독에서 회복되기는 매우 어렵다. 마약에 중독되면 뇌가 변성이 일어난다. 뇌가 녹아내린다는 표현이 맞을 수도 있다. 최선책은 무엇인가? 어떤 중독이든지 예방이 최선책이다. 중독에 빠졌다면 복음으로 회복되어야 한다!

2019년 2월 19일

공저 김상철, 김영한, 나도움, 이상준, 조믿음 목사

다음세대 강력한 덫:
음란 중독

다음세대 강력한 덫: 음란 중독

과거 나에게 '중독'은 남의 일과 같았다. 게임을 좋아하고 밤새면서 놀기도 했지만 그것이 중독인지도 모르고 시간을 보냈던 시절이 있었다. 그러나 이제는 게임이나 노는 일에 집중하지 않는다. 어느덧 그런 일들이 나에게 중요하게 여겨지지 않게 되었다. 만약 이것이 과거의 추억으로 끝나지 않았다면 나는 게임 혹은 다른 것에 중독되었을지 모른다.

우리 대부분은 중독을 남의 일로 여긴다. 뉴스나 언론, 미디어에서나 접하는 문제라고 생각할 수 있지만, 절대 그렇지 않다. 나에게도 중독이 남의 일이 아니라는 사실을 깨달은 계기가 있다.

《당신의 이야기를 들어드립니다》의 시작

2016년 2월 말에 있었던 일이다. 전국을 누비며 만났던 아이들 중 한 학생이 갑자기 사라졌다. 가출이 아니라 사라진 것이다. 이제 막 고등학교를 졸업하고 3월이면 대학을 갈 아이가 사라졌기에 SNS로, 오프라인으로 수소문을 했다. 하루, 이틀이 가도 행방을 찾을 수 없었다.

학생은 이틀 만에 시신으로 발견됐다. 누군가에게 살해당했다. 자살이 아니라 타살이어서 가해자를 찾는 수사가 시작되었다. 가해자가 잡혔는데, 살해당한 아이의 친한 친구였고 나 역시 아는 학생이었다. 같은 학교, 같은 동아리, 같은 교회 더 나아가 같은 대학도 갈 예정이었던 이 둘 사이에 말도 안 되는 일이 벌어졌다. 너무 마음이 아팠다. 예전부터 알던 아이들이었고, 누가 봐도 교회 오빠, 교회 언니로 사랑받고 인정받는 아이들이었다.

왜 이런 일이 생겼을까? 둘은 사귀는 관계였고 둘 사이에 문제가 발생했다는 사실을 뒤늦게 알게 되었다. 여자아이가 2015년 12월에 임신을 했다. 2016년 2월엔 임신한 지 3개월은 됐던 상태였다.

남자는 여자 친구에게 집중을 하지 못했다. 다른데 마음을 쏟는 과정 가운데 여자 친구를 소홀하게 대했다. 여자 친구는 여러 번 말을 했다. "너, 나한테 집중해야 하는 거 아냐?" 그러나 남자는 이 말을 듣지 않았고, 여자는 결국 참다 이렇게 말했다. "너 계속 이러면, 나 우리 엄마 아빠한테 말할 거야!" 남자는 그 말을 듣고, 여자아이를 강가로 유인해 목을 졸라 살해하고, 시신을 갈대밭에 버렸다. 일을 은폐하려던 남자는 결국 구속되어 10년 형을 선고받았다.

마음이 아픈 일이었다. 당시 알만한 언론들에서 이 사건을 보도했다. 차마 입에 담을 수 없는 말들이 댓글로 달렸다. 나 역시 그 아이를 모르는 상태에서 TV, 인터넷, 뉴스로만 봤다면 동일한 반응을 보였을 것이다.

그러나 이 두 사람은 예전부터 알던 학생들이었다. 남의 일처럼 여겨지지 않았다. 그래서 더더욱 단순하게 한쪽만을 일방적으로 욕하고 넘어갈 수 없었다. 누구나 실수하고, 누구나 넘어질 수 있는 존재가 바로 인간이다. 그것이 사람이다. 이런 생각이 들었다. 말하기 쉽지 않은 문제, 고민들을 터놓을 수 있는 장만 있었다면 이렇게 막장드라마 같은 이야기로 마무리되진 않았을 텐데... 그저 혀끝을 차며 "요즘 세상이 썩었어!"라고 말하며 끝낼 수 없었다. 대책을 강구하기 시작했다.

당신의 이야기를 들어드립니다

2016년 3월부터 〈당신의 이야기를 들어드립니다〉를 시작했다. SNS(페이스 북)에 "여러분의 이야기를 듣겠습니다. 무엇이든 말씀해주세요. 당신의 이야기를 들어드립니다."라고 올린 후 그것을 보고 익명으로 연락해 오는 사람들의 이야기를 들었다.

익명 상담을 시작한 첫해만 550명이 넘는 사람들에게서 연락이 왔다. 생각지 못하게 많은 사람들이 말을 걸었다. 현재는 자원한 청년 10여 명과 함께 익명 상담을 진행한다.

"저는 이제 중학생인데요. 친구가 없어요."
"고등학교 1학년인데요. 공부가 잘 안 돼요."
"제 아이가 이제 중학생인데 대화가 잘 안 통해요."
"저는 교회를 다니지만, 사실 동성애자인데요."

일상적이고, 그 시기에 있을 수밖에 없는 고민들도 들었지만, 평소에 드러내고 말하기 쉽지 않은 이야기들도 많이 들었다. 특히 남녀 관계에서 일어나는 쉽지 않은 문제들 말이다.

"늦은 밤에 연락드려서 죄송한데요. 제 이야기를 들어주실 수 있으세요?"

"네! 말씀하세요. 무슨 일이신가요?"

"제가 너무 미칠 것 같은데, 우연히 보게 되어서 연락드렸어요."

"이 늦은 시간에 찾아주셔서 감사하고요. 무슨 일이신지 편하게 말씀해주세요."

정말 쉽지 않은 이야기를 들었다.

"저에게 남자 친구가 있는데요. 저에게 성관계를 요구했어요. 그 친구도 교회를 다니는데요. 저는 혼전순결을 원해서 몇 번을 거절했더니, 남자 친구는 교회의 다른 오빠에게 데리고 가더라고요. 그 오빠는 저에게 이렇게 말해요. '아니 요즘 시대에 서로 좋으면 관계할 수 있는 거 아니야? 너 왜 이렇게 시대착오적이니?'

이 외에도 여러 명과 대화를 하다 보니 '내가 너무 보수적인가? 내가 너무 시대착오적인가?' 고민하다가 결국 관계를 하게 되었는데요. 알고 보니 이 남자 친구가 이런 식으로 교회 안에서 여러 명을 건드렸더라고요. 그걸 알고 도무지 참을 수 없어서, 내일 만나서 너 죽고 나 죽자 하려고 하는데 우연히 〈당신의 이야기를 들어드립니다〉 익명 상담방을 보게 되고 이렇게 말을 걸었어요. 이렇게 말을 하고 나니 미칠 것 같았던 제 마음이 정리가 되는 거 같아서 너무 감사해요."

다른 상담도 있었다.

"저는 고3인데요. 남자 친구와 헤어진 지 한 달이 되었어요. 너무 마음이 아팠는데요. 최근에 제가 임신이라는 사실을 알게 되었어요. 저 어떻게 해야 하나요?

엄마 아빠도 교회를 다니시는데 제 상황을 말하는 게 너무 죄송하고 혼날까 봐 도무지 말할 수 없어요, 제가 어떻게 해야 하나요? 너무 답답하고 무섭고 막막해서 이렇게 연락드렸어요."

어느 날, 모르는 한 남자 청년에게 전화로 연락이 왔다. 흐느끼며 말을 했다.

"목사님... 전화 좀 받아주실 수 있으세요? 너무... 마음이... 어려워서요..."

본인은 재수해서 서울의 한 대학으로 입학을 하게 되었다고 한다. 여자 친구를 사귀게 됐는데, 너무 좋았다고 했다. 교회를 다니지 않는 여자 친구여서 스킨십의 한계가 없다는 이유 때문이었다. 교회 다니는 일반적인 여자라면 혼전순결이든 신앙적인 이유로 농도 깊은 스킨십을 거절하곤 하는데, 이 여자 친구는 아니어서 좋았다고 했다.

"제가 교회에서는 인정받는 청년이에요. '너는 정말 바른 청년이야.', '너 같은 사람은 하나님께 쓰임 받을 거야.' 칭찬과 인정을 한 몸으로 받고 있었어요. 그런데 저는 교회 안에서는 신실한 청년이었을지 모르나 교회 밖에서는 세상 사람과 다를 바 없이 살아가는 사람이었어요."

문제가 터졌다. 만난 지 얼마 되지 않았을 때부터 성관계를 맺고, 여러 번 반복되다 보니, '이제 그만 만나야겠다, 질린다.'라는 마음이 들었다. "이제 우리 헤어지자"라고 말하려는 찰나 청천벽력 같은 연락을 받았다. 여자 친구가 임신을 했다고 했다. 남자는 그날 낙태를 하고 돌아오는 길에 양심의 가책과 죄책감을 느껴 울면서 전화를 걸어왔다.

"제가... 이제... 정상... 적인 결혼... 생활을 할 수 있을까요...?"

눈물을 흘리며 안타까운 마음을 표현했다. 그때 그에게 이렇게 말했다.

"지금은 낙태한 지 얼마 안 됐고, 양심의 가책이 느껴져서 이렇게 말하겠지만 시간이 지나면 내가 언제 그랬냐는 듯이 살아갈 수 있다. 분명 잘못한 일이고, 나중에 이런 문제를 다시 겪을 수 있다. 절대 자기 합리화 하지 마라! 절대 잊지 마라!"

지금까지 수많은 언론, 매체 등에서 봐왔던 성적인 문제들을 남의 일이라고만 생각해왔다. 그런데 익명 상담을 통해 생각이 바뀌었다. 이 문제는 남의 일이 아니었다. 정상적인 사람들이 비정상적인 사람으로 바뀌었다. 죄인 줄 알면서도 계속 반복적인 죄를 짓게 되는 무수한 사람들의 이야기를 듣다 보니 이제 우리의 일이라는 확신이 든다. 젊은이들은 게임 중독뿐 아니라 성적인 문제에 중독되기 쉬움을 여실히 느꼈다. 남자, 여자를 떠나 얼마나 많은 젊은이들이 성 문제로 고민하고 중독되어 살아가는지 모른다. 한국 사회 더 가까이는 한국 교회 안에 깊숙하게 자리 잡은 문제다.

칼 융은 중독이란 '정당한 고통을 회피한 결과'라고 말하였다. 중독은 살기 위해 하지만 죽음의 욕구에 의해 지배된다는 모순을 담고 있다. 단순한 쾌락으로 시작했을지 모르나 내 몸을 죽이고 내 영혼을 죽이게 만든다. 그래서 위험하고 그 자리에서 벗어버려야 한다.

"악은 어떤 모양이라도 버리라"(살전5:22)고 성경에 기록되어 있다. 한번 그 문제에 깊이 빠져버리면 그 문제가 문제로 보이기보다, 단순한 자기 기호 혹은 개인적인 취향으로 자기 합리화 되어버린다.

'발신 제한 표시'로 전화 한 통이 울렸다. 처음엔 받지 않으려고 했다. '또 무슨 광고려나?', '보이스 피싱이면 어떡하지?' 여러 생각이 들었지만, 불현듯 받아야 할 것 같다는 생각이 들었다. 용기 내어 받았더니 울먹이는 소리와 함께 큰 소리가 들렸다.

"제... 가... 그러면... 안되는데... 제가 그러면 안 되는데...."

갑자기 큰 울음소리와 함께 소리치기에, 장난전화인 줄 알았다. 계속 우는 소리가 들려 이렇게 질문했다.

"무슨 일이신데... 그러세요? 말씀해주실래요?"

"그게... 제가 광주지역의 한 교회를 다니는 청년인데요. 청년부 담당목사님을 좋아하게 됐어요. 이성적으로 말이에요.

그분은 유부남인데요. 제가 계속 좋아한다고 표현하니 저에게 마음을 열어줬어요. 내가 좋아하던 분이 나를 좋아해 주니 처음엔 너무 좋았어요. 그런데 어느 날 갑자기 마음이 이상한 거예요. 목사님의 사모님을 보니 죄송하고, 목사님의 아이들을 보면 또 미안한 마음이 드는 거예요. 결국 고민하다가 그 교회를 떠나서 다른 교회로 옮기게 됐어요. 이러면 안 되겠다는 마음이 들어서 말이에요.

그걸 모르는 주변 사람들은 '왜 갑자기 교회를 옮기느

냐, 힘들어도 버텨야 하는 거 아니냐?'고 하는데, 제가 이 모든 상황을 말할 수가 없어서 혼자 교회를 옮겼어요. 문제는 제가 교회를 옮기자 그 목사님이 저의 집으로 찾아온다는 거예요. 저는 그분을 만나면 안 될 거 같은데, 계속 그분이 저를 찾아오고, 자신은 이혼하고 나와 만나겠다고 하는데 전 어떻게 해야 하나요? 너무 마음이 힘들어요."

그러면서 자신이 어디 교회인지 알아봐 주지 말아 달라는 부탁과 함께 전화를 끊었다.

어떤 청년은 교회 사역자와 교제를 했다. 사귈 때 사역자가 무리한 성적인 요구를 해서 거절했더니 "순종하라!"라고 그 청년에게 복종할 것을 강요했다고 한다. 결국 헤어지게 되고, 이제 어떻게 해야 할지 고민하고 있었다. 누가 봐도 잘못인데, 분별이 안 되더냐고 물었더니 그 청년은 이렇게 대답했다.

"그분은 찬양 인도도 잘하고, 말씀도 잘 전해서 제가 하나님의 일을 방해하는 것은 아닌가 싶어서 제대로 항의하지 못했어요."

교회 사역자들이 비상식적인 행동을 하며 죄에 중독된 모습을 보인다. 지금 나눈 이야기는 수많은 이야기들 중 일부에 불과하다. 요즘 문제가 되는 교회 안에서의 그루밍 범죄, 즉 아이들과 좋은 관계를 맺은 후 성적으로 아이들을 유린하는 일들이 사회적인 이슈가 되어 교회가 얼마나 부끄러움을 당하는지 모른다.

익명 상담과 만남을 통해 그와 비슷한 이야기들을 듣게 되면서, 이게 정말 한두 명만의 이야기가 아니라 이미 많이 벌어지고 있는 문제고, 교회 안에서 만연한 문제라는 것을 알 수 있었다. 이젠 이 문제에 대해 경각심을 가지고 함께 풀어 가야 하는 일임을 〈당신의 이야기를 들어드립니다〉를 통해 알게 되었다.

일반 성도에게든, 사역자에게든 중독은 무서운 것이다. 분별이 필요하다. 잘못된 것을 분별하지 못하고 중독 속에 깊이 빠지는 사람이 많다. 어쩌다 이렇게 되었을까? 우리는 어쩌다 중독이 중독인지 모르는 현실을 살게 된 것일까?

중독의 해결책: 관계

세계적으로 유명한 TED 강의 중 '요한 하리'가 한 이야기가 있다. 2000년도에 포르투갈은 유럽에서도 마약 문제가 극심한 나라였다. 국민의 1%가 헤로인 중독자였을 정도로 말이다. 그 해결책으로 징벌을 강화하는 정책을 세워 중독자들을 압박했지만 해를 더할수록 문제는 악화했다. 그러다가 색다른 정책을 내놓았다.

"중독자들을 사회에서 격리시키고 차단하기 위해 사용된 모든 예산을 사회와 재결합시키는데 사용하세요."
이것은 미국이나 영국에서 생각하는 것과는 전혀 다른 방법이었다. 중독자를 위한 대규모 취업 알선과 소규모 창업을 위한 소자본 대출 사업을 진행했다. 정비공이었다면 취업준비가 되었을 때 이 사람을 1년 동안 고용하면 국가가 임금의 반을 부담해 주는 것이다.

이 사업의 목표는 포르투갈의 모든 중독자들이 아침에 일어나 할 일이 있게 해주는 것이었다. 이 실험이 시작한 지 15년이 흘렀고, 이제 결과가 나왔다. 영국범죄학회지에 따르면 포르투갈에서는 주입식 마약 사용이 절반으로 감소했다. 마약 남용과 중독자들 간의 HIV도 급감했다. 모든 연구에서 중독이 현저히 감소했음을 보여준다.

어떻게 포르투갈처럼 할 수 있을까? 거기에 대해서 그들은 이렇게 말한다. "당신이 어떤 상태에 있든 나는 당신을 사랑합니다. 내가 필요하다면, 당신과 함께하겠습니다. 왜냐하면, 나는 당신이 외롭다거나 혼자라고 느끼게 하고 싶지 않기 때문입니다. 당신은 혼자가 아니에요. 우린 당신을 사랑해요."

이 말의 핵심은 "당신은 혼자가 아니에요. 우린 당신을 사랑해요"이다. 중독자들을 대하는 자세가 사회적, 정치적, 개인적인 모든 차원에서 이루어져야 한다는 의미이다.

요한 하리는 말한다.

"나는 우리가 그들에게 사랑의 노래를 불러야 했다고 생각한다. 왜냐하면 중독의 반대는 단지 맑은 정신이 아니기 때문이다. 중독의 반대는 관계이다."

"중독의 반대는 관계이다"라는 말이 각인됐다. 사랑이라는 미명 아래 집착을 하거나 스토킹을 진짜 사랑이라고 말하지 않듯이 중독은 잘못된 관계다. 중독에서 벗어나려면 바른 관계로 이어져야 한다. 관계가 어긋나면 중독으로 이어진다. 우리 주변에는 이런 일이 비일비재하다. 특히 청소년과 청년들을 만나는 삶을 살다 보니 더욱 밀접함을 느낀다.

"중독의 반대는 관계이다!" 좀 더 설명을 하면, 중독의 반대는 진짜 관계이다. 결국 관계가 어긋나고 잘못되었기에 중독에 빠진 것이다.

사람은 누구나 좋은 관계를 원한다. 원만한 관계로 많은 사람들과 사이좋게 지내고 싶어 한다. 그런데 과거에 큰 상처로 남았던 아픈 기억이 중독이라는 부메랑이 되어 돌아오기도 한다.

경기도 일산에서 살던 한 학생이 있다. 초등학교 6학년 때부터 알았고, 중학교 1학년 때 학교에 스쿨 처치(학교기도모임)를 세우기 위해 반대했던 교장선생님께 장문의 편지를 보내고 결국 승낙을 받아낸 엄청난 친구였다.

그 친구가 새벽에 연락이 왔다.

"주무세요?"

이 "주무세요?"는 정말 자는 게 궁금해서 던진 질문일까? 아니다. 할 말이 있다는 뜻이다.

"아니 안 자고 있어, 무슨 일이니?" 하고 물어보니 본인이 나누고 싶었던 이야기를 했다.

어릴 때부터 아버지가 가정폭력을 일삼았다. 본인뿐만 아니라 동생들도 때렸다. 아버지가 술을 먹고 집에 들어와서 어머니와 부부싸움을 하면 방에 동생들이랑 같이 숨는다고 했다. 그나마 아빠가 매일 집에 들어오지 않는게 다행이라고 얘기했다.

결국 어머니와 아버지는 이혼을 했다. 요즘도 연락이 오는데 가정에서 오는 불안함 때문인지 종종 안타까운 이야기를 들려주었다.

"제가 하면 안 되는 건 아는데요. 계속 자해를 해요."

"자해? 아니 네가 왜 자해까지 하니?"

"혼자 있으며 불안하고, 마음이 어려워서 그런지 계속 제가 칼로 제 손목을 그어요...."

믿음 있는 아이였고, 학교에서도 기도모임을 세웠던 아이였지만, 가정불화와 부모님의 이혼 등을 겪으며 정서적인 어려움 때문에 자해를 한 것이다.

"하루는 제가 자해를 하고 정신을 잃었는데요. 엄마가 느낌이 안 좋아서 저 혼자 자취하고 있는 방에 와봤더니 제가 그렇게 쓰러져 있는 걸 보시고 깜짝 놀라셔서 저를 응급실로 데리고 갔어요. 깨어봤더니 제가 병원에 누워 있더라고요. 저 정말 죽을 뻔했어요."

비단 이 친구만의 이야기가 아니다. 최근에 페이스북으로 알게 된 중학생 아이가 있다. 원하던 고등학교에 가게 되어 정말 기뻐하고 즐거워하던 아이가 새벽에 페이스북에 글을 올렸다.

"내가 없어져야 시원하겠지? 그래... 사라져 줄게... 안녕...."

글을 보고 깜짝 놀라 급하게 연락을 했다. 본인도 정신이 없었는지, "안녕히 계세요"라고 한다든지, "자신은 죽어야 한다"는 등의 이야기를 쏟아냈다. 이미 본인의 팔을 자해해서 피가 나는 모습을 찍어서 카톡으로 보내주었다. 기도밖에 할 수가 없었다. 그 아이는 대구에 있었고, 나는 전주에 있었으니 말이다. 마침내 아침이 되고, 시간이 지나서 감사하게도 이 아이에게 연락이 왔다.

"죄송해요... 제가 약을 먹고 있는데요... 안 먹으면 한 번씩 돌출 행동을 하고 그래요. 실망시켜 드려서 죄송해요."

"아냐! 살아있어서 다행이야. 연락 줘서 고마워. 언제든 힘들면 연락해!"

청소년들 사이에 자해가 유행처럼 번지고 있다. 인스타그램에서 '자해'를 검색하면 자해를 한 사진을 학생들이 얼마나 많이 올리는지 확인할 수 있다. 정말 어려움이 있어서,

죽고 싶어서, 너무 힘들어서 자해를 하는 경우도 있지만, 유행처럼, 남들이 다 하니까, '#자해'라는 해쉬태그를 올리는 아이들도 있다.

〈크리스천 대나무 숲〉의 시작

〈당신의 이야기를 들어드립니다〉를 통해 익명 상담을 하는 동시에 쉽게 말할 수 없는 고민들이나 질문들을 대신 올려주는 페이스 북 페이지 〈크리스천 대나무 숲〉을 만들었다. 일대일 대화만이 아니라 다양한 사람들의 고민, 질문들을 메시지로 받아서 올리고 이후 여러 사람들이 답변을 달아주는 페이지다. 얼마나 마음이 아픈 이야기들이 많은지 모른다.

최근에 한 분에게서 메시지가 왔다. 내용은 이러했다.
"고민입니다. 익명으로 부탁드릴게요. 저는 과거에 원 나잇 중독이었고, 현재도 그런 과거로 돌아가고 싶은 마음이 하루에도 몇 번씩 생겨 영적 전쟁을 하고 있는 올해 30살이 된 자매입니다.

올해 신학대학원을 입학하게 되고, 신학대학원 입학과

동시에 전도사라는 호칭이 붙을 텐데, 저는 여러 가지의 걱정과 고민이 듭니다. 중1인 14살 때 외로움을 달래기 위해 인터넷에서 아무나 만났다가 성폭행을 당했습니다. 이후 성 중독, 원 나잇 중독이 되었고 작년에는 상담을 받아 많이 좋아졌습니다. 임신도 했었고 성병이 걸릴 뻔하다 정신을 차려 상담을 받고 예전보다는 괜찮아졌습니다. 과거가 저를 힘들게 합니다. 교회 전도사의 길을 가는 게 맞는지 싶습니다. 과거의 장면과 음성이 저의 마음을 어렵게 합니다. 사역지가 생겨 사역을 하다가 저와 관계를 맺었던 분이 성도로 오면 어쩌나 싶은 걱정도 듭니다. 일어나지 않은 일을 걱정하지 마라 하실 수 있지만 언제든 일어날 수 있는 일이라 생각하기에 이렇게 익명으로 부탁드릴게요."

이 사연을 〈크리스천 대나무 숲〉에 올렸고 많은 분들이 조언이나 댓글을 달아주었다.

"과거의 일로 많이 힘드시군요. 하나님께서 제보자님을 사랑하심을 기억하시고 그 은혜 아래 사시길 바랍니다. 꼭 이겨내시어 그렇게 찾아온 성도에게 하나님의 사랑과 은혜를 전하시는 전도사님이 되시길 바랍니다."

그런즉 누구든지 그리스도 안에 있으면 새로운 피조물이라
이전 것은 지나갔으니 보라 새 것이 되었도다
(고린도후서 5:17)

"주님 안에서 새 사람이 되실 줄 믿습니다."

또 다른 분도 메시지를 보내주셨다.

"고민이 있습니다. 남편과의 문제인데요, 성경에 보면 서로 사랑하라 하시고 용서해야 한다고 나오잖아요. 그런데 남편에게는 참 쉽지 않네요. 남편이 저에게 짜증을 잘 내고, 급할 때 재촉하고, 소리도 지르는 다혈질인 성격인데, 저는 원래 누구랑 싸우거나 화를 잘 안 내고 무한히 참는 성격이었고요.

불과 물이 만났는데, 살다 보니 저도 남편의 부당한 짜증과 화를 계속 참고 이해하는 것만이 답은 아니라는 생각이 들더라고요. 저도 남편이 짜증 낼 때 맞받아치는 성격으로 변했고요. 예를 들어 아침에 둘 다 늦잠을 잤으면, 남편은 무조건 저에게 짜증을 냅니다. 왜 늦게 일어났냐며, 아들 어린이집 등원을 시키는 준비를 부랴부랴 하고 있는데, 옆에서 대충하고 빨리 가자고 짜증 섞인 말투로 재촉을 하고요. 이럴 때 솔직히 너무 화가 나거든요. 어떻게 해야 할지

모르겠습니다. 저에게 죄지은 자를 용서하라는 말씀은 알겠지만, 저를 무시하고 마치 아들이 엄마한테 투정 부리듯 징징대고 불평하고 투덜대는 남편에게 화를 참는 것도 불가능하거니와, 제가 계속 참는 것이 정말 주님이 원하시는 건지 모르겠어서요.

왜 나한테 짜증을 내냐면서 똑같이 화를 내는 게 맞을지(그러면 부모가 싸우는 모습을 보고 아들이 상처를 받겠죠). 그 상황에서 꾹 참고 화를 가라앉힌 후 나중에 이건 당신이 잘못한 거라고 얘기하는 게 맞을지(그러면 제가 우습게 보일까 걱정이 됩니다). 아니면 그냥 정말, 저를 함부로 대할 때도 속으로 꾹꾹 참고 교회 가서 기도하면서 용서하는 게 맞을지... 신실하신 분들의 지혜를 얻고 싶습니다."

그대로 페이지에 올리면 답 글들이 달린다.

"마냥 참다 보면 언젠간 폭발할 거예요. 대화가 많이 필요해 보여요!"

"마음에 담아두고 꾹꾹 참는 건 넘기는 것이지 용서라고 말하기는 어려울 것 같아요. 용서는 그가 잘못한 것을 망각할 만큼 더 큰 사랑으로 무마하는 것이니까요. 화를 가라앉히고 나중에 따로 대화하는 게 제일 좋죠. 누구의 잘못이냐를 따지는 게 아닌 '이래서 속상했다. 사과해 달라' 이런 식으로… 그런 아내의 모습을 남편이란 사람이 우습게 보지는 않겠죠?"

중독에는 성적인 중독만이 있지 않다. 다양한 중독들이 우리의 관계 속에 도사리고 있다. 특히 관계의 깨어짐 속에서 우리는 방어적으로 중독이라는 늪에 빠지기도 하는 것 같다. 요즘 사람들이 멘탈(정신)이 약해서 그럴 수도 있지만, 다양한 중독의 상황 속에서 허우적거리고 있는 모습을 보여주는 하나의 형태라고 생각한다.

중독은 더 강한 중독으로

영어로 중독은 'Addiction'이다. 이 단어의 어원은 라틴어 'addico'로 '양도하는 것', '포기하는 것'이다. 고대 사회에서 감금되거나 노예가 된 사람을 묘사하는 데 사용되었다. 처음에는 내가 하고 싶고 내가 필요해서 하지만 나중에는 그것에 노예가 되는 것이 중독이다. 중독은 노예와 다를 바 없는 상태가 되게 만든다. 처음엔 작게 별 마음 없이 시작했는데, 끊지 못하는 마약처럼, 우리를 늪으로 빠지게 만든다.

"중독은 중독으로 이겨야 한다" 는 말이 있다.

그러나 중독에서 나오기란 하늘에서 별 따기만큼 어렵다. 어떻게 중독에서 나올 수 있을까? 우리가 무엇에 중독됐다면, 더 큰 중독에 빠지면 기존에 중독됐던 것에서 자유 할 수 있다.

중독은 하지 않겠다는 결단만으로 해결되지 않는다.

"마음에는 원이로되 육신이 약하도다!"(막14:38) 말씀처럼 중독은 단순히 끊어질 수 있는 문제가 아니다.

보이지 않는 곳에서 우리는 넘어진다.

"아무도 보지 않을 때 내가 하는 행동이 바로 내 인격이다."

D. L. 무디가 한 유명한 말이다. 다른 사람들에게 드러날 때의 내 모습과 누구도 보지 않을 때의 나는 다를 수 있다.

특히 남자는 음란물에 약할 때가 많다. 보통 음란물은 주변에 사람들이 있을 때 보지 않는다. 그런 행동을 할 수 있는 사람이 과연 얼마나 있을까? 그러나 혼자 있을 때가 항상 문제이다.

『모두 거짓말을 한다』라는 책이 있다. '구글 검색 데이터'를 바탕으로 분석한 책인데, 곱씹어 읽을 만한 글귀들이 소개되어 있다.

"사람들이 말하는 것을 믿지 말고 행동하는 것을 믿어라!"
- 넷플릭스 교훈 -

"내가 검색하는 것이 바로 나다."

사람들은 말하는 대로 살지 않고, 보이지 않는 곳에서는 전혀 다른 행동을 한다는 것이다. '내가 검색하는 것이 바로 나다' 라고 말한다. 이 말이 와 닿았다. 요즘 당신이 검색하는 게 무엇인가? 네이버, 구글, 유튜브에서 당신이 검색하는 것이 무엇인가? 그것이 바로 당신이다.

『습관이 영성이다』라는 책에서도, "내가 사랑하는, 내가 갈망하는 것이 바로 나다"라고 말한다. 이 책의 원 제목은 『You are What You Love』이다. 제목만 보면 습관의 중요성을 말하는 책 같지만, 좀 더 깊이 생각하면 인간은 내가 사랑하고, 갈망하는 그것을 닮는다는 의미다. 위의 내용들을 요즘 언어로 말한다면 이것이다.

"아무도 보지 않을 때 '나의 행동'이 나라면,
아무도 보지 않을 때 '나의 검색'이 나를 말해준다."

당신이 사랑하는 바가 바로 당신이다

내가 사랑하는 것이 진짜 나다. 좋은 글을 올리고, 좋은 일을 하고 착한 일을 한다고 그게 진짜 나인가? 아무도 보는 이 없을 때 당신은 누구인가?

"아무도 보지 않는 곳에서 내가 하는 행동이 진짜 나다."
빌 하이벨스가 그의 책에서 한 말이다. 윌로우크릭 교회의 개척자이자 구도자 예배, 열린 예배를 세상에 처음 선보이고 전 세계에 퍼뜨려 기독교 사역에 한 획을 그었던 사람이다. 그런 그가 얼마 전에 스캔들에 휩싸였다.

"14년째. 아내가 아닌 여성과 내연관계를 이어왔다." 얼마 전 뉴스앤조이 기사의 제목이다.
아무도 보는 이 없을 때 당신은 누구인가?

내가 좋은 가치관과 신념을 가지고 사람들의 마음을 움직이는 말을 한다고 해서 그 모습이 '진짜 나'일까? 아닐 수 있다. 내가 사랑하고, 욕망하는 그것이 바로 '나'이다.
그래서 두렵다. 내가 사랑하고, 내가 욕망하는 것들이 거룩하지 않고 올바르지 못해서 말이다. 이제는 달라져야 한다. 여기서 벗어나야 한다. 생각만이 아니라, 말만이 아니라 진짜 재형성(Reformation) 되어야 한다. 내가 바라고, 원하고, 욕망하고, 사랑하는 대상이 바뀌어야 한다. 그래야 산다. 절박하다.

큰 고민을 가진 청년이 있었다. 누가봐도 착실하고, 교회도 열심히 다니는 교회 오빠였던 그였다. 하지만 끊고 싶지만 끊지 못하는 야동(음란 영상)에 대한 고민이 있었다.

여러 방법을 써봤지만 안되고, 좌절감만 가득한 채 지내고 있었다. 하루는 친한 형이 여자 친구를 소개해주겠다며 만나보라고 했다. 그때 이 청년은 자신의 고민을 말했다.

"사실 저는 야동을 끊지 못하고 있는데요. 이런 제가 여자를 만나는 게 올바른 걸까요?" 그 말을 듣고 소개해주겠다고 했던 형이 말했다. "물론 큰 고민이고, 해결되어야 하는 문제일 텐데, 어쩌면 너는 진짜 사랑을 만나보지 못하고, 가짜 사랑을 추구하고 있던 것인데, 진짜 사랑을 만나면 너도 달라지지 않을까?"

이후 용기를 내서 여자 친구를 만나고, 그 친구와 결혼을 했다. 이제는 그 유혹에서 벗어났다고 한다. 진짜 사랑이 가짜 사랑을 이긴다.

'중독은 더 큰 중독으로 이긴다'는 말처럼, 진짜를 만나면 가짜는 사라진다. 물론 유혹은 여전히 있을 수 있지만, 진짜 사랑을 만나면 가짜 사랑에 예전처럼 목매지 않게 된다.

복음도 마찬가지다. 꼭 이성 간의 사랑만이 아니라 우리가 살아가면서 부딪치는 수많은 문제들이 이런 식으로 진짜 해결을 갖게 된다고 본다.

> 사람이 선한 일을 행할 줄 알면서도 행치 않는다면
> 그것이 바로 죄입니다.
>
> (야고보서 4:17, 쉬운성경)

누구나 선한 일이 무엇인지는 안다. 무엇이 올바른 것인지도 안다. 그런데 알면서도, 어그러진 길을 걷는다.

"어쩔 수 없었어...."
"이게 아닌 거 아는데... 넘어졌어...."
"그러지 말아야 하는데... 그렇게 됐어...."

요즘 익명으로 여러 청소년들과 청년들의 이야기를 듣다 보니, 남자는 남자로서, 여자는 여자로서 고민이 있다. 말 못할 이야기들을 들었다.

"저 어떡하죠? 안 그래야 하는데 자꾸 그래요...."

사람이 선한 일을 행할 줄 알면서도 행치 않는다면 그것이 성경 말씀대로 바로 죄가 된다. 결국 어떠하든, 그것은 죄이다. 변명은 필요 없다. 알고 있지만 그런다는 것(행치 않는다는 건). 그것이 바로 죄이다. 이미 죄 가운데 있는 것이다.

"그럼 저 어떻게 하죠?"

한 청년이 동일하게 야동, 자위 등 성적인 문제로 고민하면서 질문했다. 그때 이렇게 답했다.

"우리의 힘으로 할 수 없고 그분의 은혜가 필요해요. 일단 2주 이상 결단을 해봐요. 물론 결단을 내린다고 쉽게 지킬 수 있진 않아요. 다만, 넘어지더라도 안 된다고, 어쩔 수 없는 거라고 자기 합리화는 하지 말아요. 그렇게 포기하지 말고, 2주, 한 달, 두 달, 6개월, 1년. 그렇게 점점 결단의 기간을 늘려 보는 거예요."

"같이 하시는 건가요?"

"네, 우리 함께 해 봅시다!"

단순히 너의 문제이니 네가 변화되어야 한다고 말하기보다 응원해주어야 한다. 그들의 고민에 반응해주고, 같이 이겨 내보자고 말하고 함께해주는 것이 중요하다.

『부부, 사랑을 배우다』라는 책에 보면, '음란물을 극복하는 법'이 소개된다. 음란물에 엄청난 욕구를 느낀 적이 있다면, 이점을 명심해라. 절대 만족을 줄 수 없고, 값싼 정욕으로 진정한 사랑에 대한 갈증을 풀려는 안타까운 시도에 불과하다. 우리 안에 있는 정욕은 우리가 하늘 아버지가 주시는 사랑으로 만족하지 못했다는 사실을 드러내 준다. 성경은 다음과 같은 방식을 통해 우리가 어떻게 하면 자유로이 행할 수 있는지 소개해준다.

- 더 이상 정욕이 당신을 다스리지 못하게 하라! 로마서 6:12
- 이제 당신은 그리스도의 소유임을 기억하라! 갈라디아서 5:24
- 하나님의 은혜로 정욕의 요구사항과 속임수에 '아니오!' 라고 말할 수 있음을 잊지 마라! 디도서 2:12
- 성령이 당신을 채워주시고 당신을 떠나지 않으신다는 하나님의 약속을 믿음으로 음란물에서 벗어나라! 베드로후서 1:4
- 당신이 음란물에 중독되어 있다면 하나님과 당신을 영적으로 책임져줄 수 있는 다른 사람에게 고백하라! 야고보서 5:16
- 하나님의 말씀을 암송하여 유혹에 맞서 싸우는 데 활용하는 것부터 시작하라!
- 날마다 하나님의 말씀을 양껏 취하라. 그분만이 만족의 근원이다! 야고보서 1:17

팀 켈러의 『탕부 하나님』에는 이런 내용이 나온다.

"성경의 원리들을 배워 실천에 힘쓴다고 되는 게 아니다. 영속적 변화는 복음을 더 깊이 이해하고 마음에 속속들이 배어들게 해야만 가능하다."

복음을 늘 섭취하고 소화해 자신의 일부로 삼아야 한다. 그래야 성장할 수 있다. 변화는 실제로 어떻게 이루어질까? 우리의 문제들은 다분히 우리가 끊임없이 복음으로 돌아가 그것을 내면화하고 생활화하지 않기 때문에 발생한다.

그러나 복음이 생활화되면 진정으로 회복될 수 있다. 마른 뼈 같고, 영적으로 죽은 거 같은 내 영혼이 소생할 수 있다. 하지만 다짐하고 또 다짐하지만 무너질 때가 많다.

마틴 루터는 이렇게 썼다.

"복음의 진리는 모든 기독교 교리의 기본 조항이다. 가장 중요한 일은 우리가 이 조항을 잘 알고 다른 사람에게 가르쳐 그들의 머릿속에 계속 주입하는 것이다. 말로는 예수님을 믿는다면서 그것이 우리의 생활방식에 영향을 미치지 못한다면, 그 해결책은 지금부터 힘써 믿음에 행위를 더해야 한다는 것이라기보다는 처음부터 우리가 예수를 진정으로 이해하거나 믿지 못했다는데서 출발해야 한다."

우리가 무너질 때 '처음부터 우리가 예수를 진정으로 이해하거나 믿지 못했다는데서 출발해야 한다.' 이 부분이 공감이 되었다.

한 구절에 눈이 머물렀다.

"우리가 다른 계명들을 깨뜨릴 때는 반드시 첫 번째 계명을 깨뜨린다!" 마틴 루터의 십계명 연구에 나오는 말이다. 내가 하는 거짓말은 단순히 거짓말을 하는 게 아니다.

내가 누군가를 미워하는 것은 그냥 미움이 아니다. 내가 다른 누군가의 것을 훔치는 것은 어쩌다 손버릇이 나빠서 도적질 한 게 아니다. 나에게 반복적인 음란함이 있는 것은 내가 성적으로 연약해서 만이 아니다. 결국 1계명을 깨뜨린 것이다.

"너는 나 외에 다른 신을 네게 두지 말지니라!" 결국 하나님을 믿지 못함의 표증이다. 우리가 종교적으로 우상을 섬기지 않고 안식일을 거룩히 지키고 하나님을 욕하지 않았다 하더라도... 그것은 하나님을 완전하게 믿지 못함의 증거다.

"우리가 다른 계명들을 깨뜨릴 때는 반드시 첫 번째 계명을 깨뜨린다."

- 마틴 루터 -

나를 보니 그렇다. 내가 이전과 다르게 살길은 무엇인가? 내가 어떻게 해야만 살 수 있는가?

팀 켈러는 그의 저서『센터 처치』에 이렇게 말한다.

"우리가 거짓을 말하거나 간음하거나 도적질한다는 것은 소망, 기쁨, 의미 등에 있어서 하나님 보다 더 중요한 것이 마음에 있다는 것이다… 도덕주의적 행동변화(를 추구하는 것은) 결국 불안정, 억눌린 분노와 죄책감, 영적 무감각 등의 결과로 이어진다. 우리는 복음과 그리스도의 사역에 초점을 맞춰야 한다."

복음 밖에 없다. 복음만이 살길이다. 복음으로 중독을 이길 수 있다. 중독은 우리를 죄에서 무감각하게 만든다. 존 스토트는『그리스도의 십자가』라는 책에서 죄에 대해 이렇게 말한다.

"오늘날 세계에서 죄의 핵심적인 형태는 무감각이다.

아담과 하와에게 무감각이란 뱀으로 하여금 자기들이 할 일에 대해서 말하도록 방치한 것이다. 그것은… 세상을 지배하고 다스리는 일을 포기함을 의미한다."

죄를 짓는다는 것, 아담과 하와가 범죄 한 건 단순한 사과 서리, 배 서리 정도가 아니다. 뱀이 아담과 하와를 유혹해서 죄를 짓게 한 것은, 단순히 죽음을 오게 하는 것 그 이상이다.

선악과를 몰래 먹은 사건은 '세상을 다스리는 일을 포기'하게 만든 일이다. 사단의 전략은 '각자에게 주신 사명을, 포기하게 만드는 것이다.' 너 같은 사람이? 네가? 죄 많은 네가? 사단은 우리의 죄를 꼬집어 좌절하게 만들고 포기하게 만든다.

사단의 말에 절대 좌절하지 말자. 회개하고, 돌이키고, 다시 하나님 앞으로 가면 된다. 그렇게 하지 못할 때, 죄는 그 사람을 죄 안에서 중독되게 만들고, 결국 무감각하게 만든다.

삶은 전도자인데 성경을 안 읽는다?

말이 안 된다. 삶은 예배자인데 여자들에게 애매하게 연락해서 어장관리를 한다? 그건 전도자도 아니고 예배자도 아니다. 내가 나를 돌아보고, 돌이키고 진심으로 회개해야 하는 문제다.

글을 아무리 잘 쓰면 뭐하나? 나눔 한 것을 아무리 감성적으로 감동적으로 올리면 뭐하나? 회칠한 무덤일 뿐이다. 예수님께 "이 독사의 자식들아"라고 비난 받았던 바리새인과 다름없는 존재다. 내가 그리스도인이라고 생각하면 그렇게 살지 말아야 한다.

예수님의 이름을 팔아서 자기 이름을 높이는 자신의 모습을 모른다면 무언가에 중독되어 있는 것이다. 사람들의 환호소리, 인기, 인정에 중독되어 있는 것이다. 단순히 감성적이고 감동적인 글에 현혹되면 안 된다. 중독은 무감각이다. 올바른 것에 대해서는 무감각하고, 죄에 대해서는 감각적인 것이 중독이다. 그렇기에 지금 내가 갈망하고 바라고, 소망하는 것을 깊이 있게 살펴보아야 한다. 우리가 잘못된 것을 갈망한다면, 결국은 내가 이 땅에 살아갈 존재의 이유를 잃고 망하는 지름길을 택한 것이다.

영화 〈동주〉 중에서 잊지 못하는 한 구절이 있다. "부끄러움을 아는 것이 부끄러운 것이 아니라 부끄러움을 모르는 것이 부끄러운 것이다." 부끄러움을 아는 것이 필요하다. 부끄러운 지 모른다면 그것이 소망이 없는 것이다.

나의 현주소를 발견할 때에야 비로소 달라질 수 있는 기회를 찾게 된다. 그런데 중독은 그 부끄러움을 잊게 만든다. 내가 부끄러운 상태인지를 모르게 만드는 것이다. 결국 사람을 무감각하게 만든 것이다. 죄의 심각성과 죽음의 위기 속에서 벗어나지 못하게 만드는 끔찍한 결과를 낳는다. 중독은 우리를 사명에서 벗어나 죽게 만든다.

무엇을 잘 사용해야 할까?

'눈'을 잘 사용해야 한다. 많은 사람들이 페이스 북이나 인스타그램 등 SNS를 사용한다. 다양한 글과 영상에 감동 받고 큰 영향을 받는다. 우리가 원하든 원치 않던 그 어떤 것보다 많은 시간을 SNS에 할애하고 있다. 오죽하면 SNS 중독이라고 할까? 그러다 보면 게시물의 '좋아요'나 팔로우가 몇 명인지, 얼마나 사람들이 반응하는지에 따라서 더욱 자극적 혹은 감성적인 글로 사람들의 마음을 훔친다.

영어 SNS를 한글로 타이핑해 보면 '눈'이라는 글씨가 쓰여진다. SNS는 '소셜 네트워킹 시스템'을 넘어 나의 '눈'이다. 우리의 눈이다. 세상을 바라보고 소통하게 만드는 너무 귀한 도구다.

도구를 넘어서 눈의 역할을 감당하고 있다. 그래서 더욱 중요하다.

"우리는 우리가 바라보는 것을 닮는다"는 말이 있다. 사람은 보는 것에 영향을 받는다. 우리가 보는 것을 닮는다는 말이다.

"그들의 열매로 그들을 알지니"(마7:16)란 말씀이 있다. 그냥 씨앗만 봤을 때는 잘 모를 수 있다. 아니 땅에 묻혔을 때는 그게 무슨 열매를 맺을지 알 수 없을지 모른다. 그러나 콩 심으면 콩 나고, 팥 심으면 팥 난다. 결국 열매를 통해 증명된다.

우리가 바라보는 것이 바로 우리가 된다. 우리는 보는 것에 영향을 받는다. 나는 무엇을 보고 있는가?

내가 요즘 자주 보는 것이 무엇인가? 그것이 바로 나이다. 거울처럼 내 자신을 투영한다.

중독에서 우리가 벗어나려면

지금 내 모습 가운데 무엇이 보이는가? 나는 지금 무엇에 영향을 받는가? 나는 과연 그분이 보시기에 정결하고 올바르게 살고 있는가를 매일매일 점검해야 한다.

"내가 죄인 중의 죄인이요"라고 말하는 것이 회개의 끝이 아니다. 반성, 뉘우침으로는 부족하다. 중독은 전문가를 통해 상담받는 일도 필요하고, 진정한 회개 속에서 성령님의 도우심을 구하며 '더 이상 그렇게 하지 않는 것'이 중요하다.

어떤 찬양의 가사처럼 "주여 우린 넘어집니다. 오늘 하루 또 실수합니다. 주 뜻 이루며 살기에 부족합니다. 주님 우린 연약합니다."라고 나의 중독된 현주소를 고백하며 달라지길 원하는 갈망이 필요하다. 변화되기 위한 갈망이 없다면 그 상태에서 벗어날 수 없다.

"더 이상 그렇게 하지 않는 것이 진정한 회개이다."
- 마틴 루터 -

베이직 교회 조정민 목사는 설교 중에 이렇게 말했다.

"여러분, 교회는 처음부터 끝까지 제자들이 늘어나야, 제자 공동체가 되어야, 성령 공동체가 되어야, 예수 공동체가 되어야, 진정한 교회 아니겠습니까. 우리는 교회에 일하러 오지 않습니다. 교회는 주님을 사랑하기 때문에 오는 거예요.

주님과 사랑에 빠지는 게 먼저입니다. 주님을 깊이 사랑하면 다 보입니다. 주님을 사랑하는 걸로 충분해요. 그분의 말씀을 먹으면, 주님의 사랑이 물밀듯이 밀려올 것이고, 그 '말씀'과 그 '사랑'으로 우리가 섬기기 시작할 때, 누구의 명령을 받아서도 아니요. 누구의 지시를 따라서도 아니요. 그 교회의 무슨 목회 철학이니, 비전 때문이 아니라, 주님을 사랑하기 때문에, 우리는 마땅히 감당해야 할 일을 하는 것이죠. 사도들이 '말씀'으로 다시 돌아간 것이지요.

그러나 자칫하면 우리는 딴 곳으로 돌아가고 말아요.

'사역은 우리를 흥분하게 만듭니다.' '사역은 우리를 중독시켜요.' '사역은 우리의 존재감을 드러내게 만듭니다.'

점점 많은 사역을 할수록 내 중요성이 드러나는 것 같고, 점점 많은 사역에 연관될수록, 내가 교회에서 점점 비중 있는 인물이 된 것 같은 이상한 착각을 갖다 주는 것이지요. 그래서 결국은 그 사역을 통해 '나'를 '성취'하고 '나'를 '이루어'가는 또 다른 '괴물'과 같은 존재가 되는 것이지요.

여러분, 교회에 '괴물'이 얼마나 많은지 아십니까?

여러분! 성령 세례 안 받았으면 일하려고 생각도 하지 마십시오. 나 상처 받고 다른 사람 상처 주는 일이 바로 그 일입니다. 성령으로 충만하지 않으면 일 하려고 하지 마십시오. 일할수록 관계가 나빠집니다. 그러나 우리가 정말 성령 충만하고 지혜가 충만하면 그 일을 통해서 관계가 돈독해지고, 그리고 나도 살고 사람들도 살아나는 것이지요."

성령 충만이 우리 안에 다시 일어나야 한다. 내 힘과 능력으로는 그 상태에서 벗어날 수 없다. 그렇다면 성령 충만하려면 우리는 어떻게 해야 하는가? 무엇으로 돌아가야 하는가?

개그우먼 조혜련씨는 한때 일본 종교였던 남묘호렌게교에 빠졌다가 하나님께로 돌아왔다. 하나님의 일하심은 정말 놀랍다. 이후 믿음이 심기고 신앙생활하며 이분이 했던 말 가운데 잊지 못할 명언이 있다.

"성경을 읽지 않으면, 내가 상상하는 하나님을 믿게 된다."

우리가 하나님을 믿는다고 말하고, 찬양을 부르고, 기도를 하지만, 성경을 읽지 않고 그런 행위들만 한다면, 우리는 올바른 하나님을 만날 수 없고, 잘못된 신앙으로 빠질 수밖에 없다.

성경을 신앙의 바탕으로 살아가지 않는다면, 이상한 하나님을 믿을 수밖에 없다. 가짜 하나님 말이다. 성경을 바르게 읽고 바로 믿어야 한다.

올바른 신앙의 토대가 바로 성경이다. 성경을 떠나면 내가 상상하는 하나님, 가짜 하나님, 요술램프의 지니와 다를 바 없는 기복신앙과 샤머니즘적인 신앙으로 살아갈 수밖에 없다. 성경에서 말하는 대로 살고, 성경을 주야로 묵상하는 삶이 필요하다. 내가 넘어지고 무너질 때는, 활동(사역)은 무수히 많지만, 성경을 읽지 않고 사역할 때였다. 활동(사역)이 내 신앙을 보장해주지 않는다.

성경은 내가 잘못된 세상의 유혹에 흔들리고 넘어질 때, 다시 살게 하는 능력이다.

이야기: 귀로 먹는 약

2019년을 시작하며 『말은 운명의 조각칼이다』를 읽었다. '이야기'라는 말의 어원이 뭔지 이 책을 통해서 처음 알았는데, 놀라웠다.

'이야기'의 어원은 '귀로 먹는 약'이라고 한다. 약은 입으로 먹는다. 약을 왜 먹는가? 내 몸이 상하고, 좋지 않을 때 회복시키고, 살게 하고, 아픈 몸을 낫게 하는 역할을 위해 사용되는 것이 약이다. 그런데 이 이야기라는 단어에 '귀로 먹는 약'이라는 의미가 담겨 있다. 이 말이 새롭게 다가왔다. 우리가 말하는 여러 이야기들 어쩌면 그저 스쳐 지나가는 누군가의 말, 그냥 귀로 들리는 소리에 불과하다고 생각할지 모른다.

"아니 말 한마디가 무슨 의미가 있겠어?", "그 이야기가 무슨 상관인데?"라고 말할지 모른다. 그런데 이야기는 '귀로 먹는 약' 같은 역할을 감당한다.

나도 <당신의 이야기를 들어드립니다>로 수많은 청소년, 청년들의 이야기를 들었다. 이유는 단 하나였다. 2016년 한 아이의 안타까운 죽음 이후 '사람은 누군가의 이야기를 들어주는 것만으로도 죽지 않고 살 수 있다'는 마음으로 시작했다. 그것을 통해 안타까운 현실들을 보게 되었고, 또 죽고 싶다는 마음이 들었다가도 조금이나마 위로를 받고, 회복되어 오늘을 살고 있는 다음 세대, 청년들을 보고 있다.

결코 의미 없는 일이 아니었다. 한 사람만 살아도 그것으로 의미가 있지 않을까?

영화 <오두막>에 이런 말이 나온다.

"하나님께 말씀드려. 늘 듣고 계시니까!"

이 말이 그렇게 위로가 될 수 없었다. 늘 듣고 계신다는 것이 우리에게는 큰 위로와 희망이다.

우리가 알고 있는 성경 말씀 중에 많이 들어서 이제는

당연하듯 넘어가는 말씀이 있다.

믿음은 들음에서 나며,
들음은 그리스도의 말씀으로 말미암았느니라
(로마서 10:17)

믿음은 귀로 들음에서 난다고 말한다.

그리스도의 말씀이 귀로 들려졌을 때 우리 안에 믿음이 생긴다.

귀로 듣는 것이 무슨 의미가 있느냐고 말할 수 있지만, 아니다. 귀로 듣는 것은 아무것도 아닌 거 같지만, 우리에게 그 무엇과 바꿀 수 없는 귀한 믿음을 심어준다. 하나님을 믿는 믿음을 갖게 하는 큰 역할을 감당한다. 우리의 그 어떤 노력으로도 결코 얻을 수 없는 영원한 생명을 들음으로 시작해서 우리에게 주어지게 하신다.

일반적인 이야기도 '귀로 먹는 약'이라고 하는데, 하물며 영원한 생명을 얻게 하고, 소생하게 하는 '하나님의 말씀: 구약, 신약'은 우리에게 얼마나 위대한 약이 되어 주겠는가?

중독: 위험한 독약과 같다. 그러나 그 독약에서 낫게 하고 해방시켜 진정한 자유를 얻게 하는 것은 하나님의 말씀,

생명의 약이다. 중독의 반대는 관계라고 말했다. 진정한 관계는 하나님께로 다시 돌아가는 것이고 그분 안에서 참된 위로와 안식을 얻는 것이다. 그것은 오직 하나님의 말씀을 청종하고, 그분께 나아갔을 때 주어지는 생명이다. 우리를 진정으로 살게 한다.

> 너희가 내 말에 거하면 참으로 내 제자가 되고
> 진리를 알지니 진리가 너희를 자유롭게 하리라
> (요한복음 8:31~32)

중독에서 자유하게 하는 대안

Chapter 2

중독에서 자유하게 하는 대안

공중 권세 잡은 실체가 어떻게 사람을 다스릴까?

중독 문제를 보다 심도 있게 제기해야 하는 이유는 프레임 밖에서 일어나는 영적 전쟁 때문이다. 그 영적 실체는 우는 사자처럼 삼킬 자를 찾고 있는데 마음을 다스리지 못한 적지 않은 사람들이 삼킴을 당하여 종노릇을 하고 있다. 이러한 사실을 아는 사람들이 많을까? 그렇지 않다. 오히려 시대적인 현상이라며 간과(看過)하고 있다.

중독 사역을 하는 교회와 기관은 누군가에게는 소명이고, 또 다른 누군가에게는 쉼터요 치유하는 곳이다. 중독의 문제를 염려하고, 현장에서 고군분투(孤軍奮鬪)하는 사역자들 중 영화를 만들고, 상담 사역을 하는 사람도 있지만 의사, 간호사, 직장인, 사업가 등도 있다.

중독 때문에 긴 시간 정상적인 궤도를 벗어나 고통을 직접 경험한 사람들도 있다. 이들은 현실의 삶이 삶의 전부라고 믿지 않는다. 죽음 이후에 또 다른 세계가 있음을 믿고, 그곳이 바로 천국, 하나님의 나라라는 사실을 알고 있다. 그래서 이 땅에서의 삶을 더욱 중요하게 여긴다. 자신들이 해야 할 일을 알기 때문이다.

오늘날 기독교적 가치관으로 중독의 문제에 대응하는 사람들은 많지 않다. 때문에 적은 수의 중독 사역자들이 많은 시간과 에너지를 투입해 사역을 감당하고 있다. 부담의 대가를 치르면 치를수록 현장으로 더 많이 내몰린다. 그곳에 생명으로 인도할 배를 기다리는 사람들이 너무 많기 때문이다.

아무리 최선을 다했다고 고백해도 모자라다. 영원으로 인도할 나름의 배를 준비하지만 수용인원이 너무 적어, 죽어가는 모습을 바라만 볼뿐이다. 영화 〈타이타닉〉을 보면 침몰하는 배를 떠나 바다 위에서 구조선을 기다리는 사람들이 있다. 구조에 나선 사람들은 그들 모두를 태우고 싶어

하지만, 처음에는 배가 작아서 태우지 못하고 나중에는 사람들이 이미 죽었기 때문에 구조를 못한다. 슬픈 일이다.

〈쉰들러 리스트〉라는 영화를 보면 많은 사람을 죽음으로부터 구한 오스카 쉰들러가 나중에 더 구하지 못한 것을 자책하는 대사가 있다. 대본을 스크랩하면 다음과 같다.

"사장님 덕분에 후손이 이어질 수 있을 겁니다."
"충분히 하지 못 했어."
"그 이상으로 하셨어요."
"이 차... 괴트한테 이 차도 팔 수 있었을지 몰라... 내가 왜 안 팔았지? 열 명은 더 구했을 거야... 열 명은 더 구했을 텐데... 열 명은 더 살릴 수 있었어... 이 배지로... 두 명은 더 구할 수 있었어... 금배지잖아... 두 명은 더 살릴 수 있었어... 최소한 한 사람 몫은 처줬을 거야... 최소한 한 명을 더 빼올 수 있었어... 한 사람의 생명을 구할 수 있었다고... 한 생명을... 이걸로 구할 수 있었어... 내가 최소한 한 사람은 더 살릴 수 있었는데... 그렇게 못 했어... 그렇게 안했다고!"

그래서 중독의 문제를 교회의 테이블에 올리게 되었다.

전도와 선교, 다음 세대를 위한 준비라는 과제를 통해 방법을 제시할 예정이다. 함께 이 부분을 공론화시키고, 허리를 굽혀 세상의 보이지 않는 영역에서 우리를 기다리는 사람들을 찾을 때가 되었다.

"어떤 이는 교회와 성당의 종소리를 들으며 살고자 하나, 나는 지옥 한가운데 구원으로 인도하는 가게를 차릴 것이다."

C. T. 스터드가 1915년에 아프리카로 갈 선교 단원을 모집하면서 한 말이다. 얼마나 절실한 심경의 토로인지 단번에 느낄 수 있다.

"누구든지 그리스도 안에 있으면 새로운 피조물이 되며 이전 것은 지나가고 새 것이 될 줄 믿습니다. 죽어가는 영혼에게 살 수 있는 복음을 전합시다!"라는 생명의 구호를 함께 외쳐야 한다.

중독과 복음

2009년 어느 날 다큐멘터리 영화 〈잊혀진 가방〉을 제작하고 있을 당시 호주 애들레이드에서 선교사 한 분을 만났다. WEC 국제 총재를 지내고 WEC의 100년 역사를 집필 중인 에반 데이비스(EVAN DAVIES)였다. 당시 그의 나이는 70세였다. 그와의 특별했던 조우는 선교계의 전설들과의 만남으로까지 이어졌는데, 돌아보면 하나님의 섭리라고 밖에 설명되지 않는다.

에반 데이비스 선교사는 자신이 아프리카 콩고에서 선교사의 아들로 태어나 지금까지 수많은 선교지를 다니면서 많은 경험을 하였는데, 최근 기도를 하면 할수록 중독 때문에 겪을 일들이 머리에서 떠나지 않는다고 했다.

그는 향후 4, 5년 내에 세계 선교와 전도의 키워드는 '중독'이 될 것이라고 강조했다. 지금 생각해 보면 그의 말은 틀리지 않았다. 지금의 세상이 얼마만큼 어그러져있는지 우리 눈으로 확인하고 있다.

이후 나는 2011년부터 영국, 스페인, 인도, 미국, 일본, 러시아, 한국 등 전 세계의 중독 문제를 취재하기 시작했고, 촬영했다. 이제 그 이야기를 좀 더 심도 있게 하게 된 것이 너무 기쁘다. 지금 기록하는 모든 글은 직접 중독 사역의 현장에서 기록한 내용과 개인적으로 상담하면서 체험한 내용들이다.

프레임

여기 두 장의 사진이 있다.

영화는 1초에 24장의 사진이 움직인다. 이때 한 장의 사진들을 프레임(Frame)이라고 이해하면 쉽다. 드라마는 29.97 프레임. 약 30장의 사진이 1초에 움직인다. 그래서 영화나 드라마를 볼 때 우리가 느끼는 감정은 차이가 있다.

영화는 드라마보다 선명해 보이고, 둔탁한 느낌을 준다. 반면 드라마는 영화에 비해 좀 더 부드럽고, 약간 흐려 보인다. 프레임이 각자의 시선에 머무는 찰나의 차이가 만들어내는 효과이다.

왼쪽의 사진을 보면 사각 프레임 밖으로 펼쳐진 바다가 보인다. 프레임을 극장 스크린으로 이해하면 보이는 것 외에 또 다르게 펼쳐진 그림들이 있다는 의미다. 만약 프레임 밖에 배가 있다면, 프레임을 보는 관객의 입장에서는 배가 보이지 않지만, 그 모습을 촬영하는 스텝들은 배를 볼 수 있다. 그래서 극장에서 같은 영화를 보고 있어도 관객과 제작진은 큰 차이를 느낀다. 제작진들의 경우는 지금 보이지 않는 프레임 밖을 경험했기 때문에 보이는 극장 스크린의 프레임 밖에 무엇이 있는지 생각하면서 볼 수 있다.

좀 달리 설명하면, 목사가 설교하는 모습을 인터넷으로 생방송한다고 가정하자! 목사의 설교를 촬영하고 외부로 송출하는 방송국 스텝들과 현장의 성도들은 나중에 녹화된 설교를 다시 들으며 생각할 수 있다. 화면은 목회자만 보이지만 외부 교인들과 내부 교인들이 보는 것은 엄연한 차이가 있다. 그들은 그날 예배의 현장에 어떤 장면들이 설교자 주변에 있었는지 알고 있기 때문이다.

프레임을 잘 이해하면 기도 응답과 연결해서 잘 이해할 수 있다. 존재하지만 보이지 않는 영역을 기다리는 측면이다. 그림을 보면 다음과 같다.

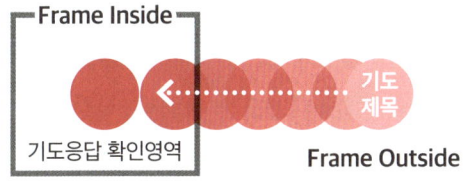

기도제목이 기도응답 영역까지 이동되어야 우리는 응답받았다고 말한다. 잘 생각해보면 기도제목이 점점 이동하고 있어도 기도응답 확인영역까지 도달하지 않으면 우리 눈에는 보이지 않으므로 응답받지 못했다고 말할 수 있다.

하지만 프레임 밖을 이해하고 나면 기도응답이 되고 있음을 알 수 있다. 이처럼 보이지 않는 영역까지 보는 눈, 즉 '믿음'이 필요하다. 성경은 두 가지 말씀으로 기도응답에 대한 이해를 돕는다.

너희에게 인내가 필요함은
너희가 하나님의 뜻을 행한 후에
약속하신 것을 받기 위함이라
(히브리서 10:36)

믿음은 바라는 것들의 실상이요
보이지 않는 것들의 증거니
(히브리서 11:1)

중독의 문제가 나와 관계없다고 생각하면 안 된다. 프레임 밖에서 당신에게 다가오는 배처럼, 점점 찾아오고 있는 세상에 머물고 있음을 인정해야 한다. 지금 당장 나와 관계

없다고 생각해도 머지않아 가족 또는 주변인으로 인해 직접 관계가 될 것이기 때문이다. 반드시 중독에 대한 사전 이해를 가지고 예방에 힘써야 한다.

대부분의 현대인은 중독되어 있다. 중독은 인간이 특정한 대상에 집착함으로 자신의 의지가 노예화된 것이다.

『중독과 은혜』를 쓴 제럴드 메이는 미국에서 오랜 기간 정신과 의사로 일하면서 대부분의 사람들이 중독으로 인해 고통받고 있음을 강조했다. 알코올, 마약 같은 물질뿐만 아니라 일과 성욕, 책임감 등 일반적으로 중독이라 인식하지 못하는 비물질 분야에도 중독되어 있음을 알려 주었다.

특별히 하나님을 제외한 모든 것, 심지어 특정한 신앙 훈련까지도 중독의 대상이 될 수 있음을 경고했는데 지금의 사회적 현상과 교회 프로그램들을 보면 그의 혜안에 고개를 숙일 수밖에 없다.

나는 육신에 속하여 죄 아래에 팔렸도다

(로마서 7:14)

제럴드 메이의 강연을 직접 들은 경험이 있는 이동원 목사(지구촌교회 원로목사)는 2013년 러시아 코스타 강의 중에 다음과 같이 언급했다.

"미국에서 박사과정을 공부하다가 제럴드 메이의 강의를 들었습니다. 그는 『은혜와 중독』이라는 책을 썼습니다. 기독교적인 안목에서 중독에 대한 접근을 했는데, 그분이 강의 중에 했던 말을 잊을 수 없습니다. '여러분! 이 땅에 살고 있는 사람들 가운데 도대체 어느 정도 퍼센트의 사람들이 중독이라고 여러분은 생각하십니까?'

여러 사람들의 의견이 나누어진 다음에 제럴드 메이가 웃으면서 '그보다는 훨씬 더 많습니다.'라고 말하며 자기는 95%라고 생각한다고 말했습니다. 이 땅에 살고 있는 사람의 95%가 무엇인가에, 그리고 누군가에게 붙들려서 중독되어 살고 있다는 것입니다.

그런데 그다음 말이 더 재미있어요. 95%라고 자신은 생각하는데 나머지 5%의 정상인들을 아직 만나보지 못했다라고 한 것입니다."

사람들은 다른 사람은 중독될 수 있어도 나는 아니라고 말한다. 언제든지 중단할 수 있다고 생각한다. 하지만 결코 그렇지 않다. 중독의 문제는 독자들과 나도 예외가 없다. 언제든 무엇인가에 중독될 수 있다는 전제를 하고 살아야 죄에 사로잡히지 않고 살아갈 수 있다.

지금 일어나고 있는 일들

미국에서 〈나눔 선교회〉를 섬기는 한영호 목사는 이렇게 말했다.

"체면 때문에 창피해서 끝까지 숨기다가 아주 최악의 상태, 말기까지 간 다음에 저희 선교회에 떠맡기듯이 맡기는 가정들이 얼마나 많이 있는지 몰라요. 저들 옆에서 함께 같은 동질성을 가지고 서로 이해하고 서로 용서하고 서로 감싸줄 수 있는 그런 마음을 갖고 있어야 치료가 됩니다."

〈필라 뉴비전 청소년센터〉 담당 채왕규 목사는 이렇게 안타까워했다.

"부모님들이 포기해 버리면 그 아이는 정말 어둠 속에서 살아야 하기 때문에, 포기하지 않아야 회복될 수 있어요. 긴 과정이예요. 그러나 이 중독 문제는 부모들하고 아이들하고 한 울타리에서 한 문제를 풀어나가야 돼요. 그래야만 치료가 됩니다."

〈한국 소망을 나누는 사람들〉을 섬기는 신용원 목사는 이렇게 말했다.

"그 뭐 간결하게 성경에서 너무나 간결하게 표현하고 있잖아요. '그런즉 누구든지 그리스도 안에 있으면 피조물이라. 이전 것은 지나갔으니 보라 새것이 되었도다.' 그게 저고.…"

미국 〈피닉스 하우스〉의 서창삼 박사는 이렇게 고백했다.

"제가 보기에도 진짜 그 환자는 너무 치료하기가 힘들어요. 6개월, 1년을 치료해도 또 마약을 해요. 그때뿐이예요. 상담치료 받으러 올 땐 안 한다고 그러고 나가서 또 하고.…"

이미 많은 중독자들이 육체적, 정신적 뿐만 아니라 영적인 상처로 인해 고통에 직면해 있다. 그런데 현재 중독을 치료하는 많은 기관들은 정신적, 육체적 치유에만 방향이 잡혀 있다.

이들에게 정신적, 육체적 부분들은 시간이 지나가면 자연히 회복이 될 수 있지만, 영적인 상처가 해결되지 않으면 또다시 수렁으로 빠지게 된다. 그러므로 근원적인 치료를 위해 종교적인 접근이 필요하다.

〈한국 소망을 나누는 사람들〉의 신용원 목사는 이렇게 강조했다.

"인간은 누구나 영혼을 가졌어요. 문제는 영혼이 어디에서 왔느냐죠. 신앙이 있건 없건 모든 인간은 창조주로부터 영혼이 주어졌어요. 이 마약 중독의 문제는 분명히 영적인 문제거든요? 뭐냐면 이게 발도 없고, 손도 없고, 생명이 없는 것 같지만 사실 마약이나 이런 문제들, 보이지 않는 영적인 생명력들이 있어요.

왜냐하면 그게 들어오면 나의 생각과 감정과 나의 모든 의지들을 그것이 통제하기 시작하거든요. 생명이 있는 거죠. 영적인 생명이 있는 거예요. 영적인 생명이 있는데 그 영적인 문제로 내게 들어와서 내 모든 생각이나 감정이나 느낌이나 의지나 모든 것을 그것이 통제하는데, 이 문제에 대한 해결은 우리의 영혼에 문제가 찾아와 있는 거잖아요.

그런데 모든 영혼은 창조주로부터 주어졌고, 그 창조주로부터 주어진 영혼에 지금 중독이라는 영적인 질환의 문제가 찾아왔을 땐 그 창조주가 개입이 되어야만 이 문제가 해결된다는 거죠."

중독자는 자신이 중독자라는 사실을 전혀 인정하지 않는다. 대체적으로 자녀들에게 문제가 있어도 잠시 지나가는 일반적인 감기 정도로 여기기도 한다. 내 자식은 아니라고 생각하기 때문이다.

자녀들이 스마트 폰을 만지면서 자신들의 불안감을 해소하고 그 속에 모든 것이 들어있다고 생각하며 시간과 마음을 빼앗기는 동안 부모는 인정하는 영역을 정해놓고 간과해 버린다.

조금만 지나 보면 얼마나 위험한 문제인지 알게 된다. 반드시 알아야 한다. 어떤 중독인가는 중요하지 않다. 모든 중독은 메커니즘과 가지는 속성이 같다.

온 식구가 마약을 하는 경우도 많이 있다. 아버지와 아들이, 어머니와 딸이 같이 하는 경우도 있다. 그리고 알려지는 순간에는 이미 너무 멀리 간 경우에 해당된다. "우리 아들이 마약을 한 것 같아요. 목사님" 하면, 3년이 지난 경우가 많다고 한다. 벌써 중독된 상태다.

스마트 폰으로 대변되는 디지털 중독도 마찬가지다. 전혀 인지를 못하고, 경우에 따라 심각성을 알았다 할지라도 빠져나올 방법을 모른다. 식당에만 가보더라도 테이블에 앉으면 벌써 각자 자기 스마트 폰을 만지기 시작한다. 가족 식사의 의미가 없어진 것이다. 이 상황을 우리는 어떻게 받아들여야 할 것인가.

음란 중독의 현황은 어떨까? 미국의 〈피닉스 하우스〉에서 근무했던 서창삼 박사는 자신이 경험한 일을 다음과 같이 언급했다.

　"오빠는 한 아홉 살, 여동생이 일곱 살인데 이 아이들의 부모가 매일 저녁 집에서 섹스비디오를 봤어요. 그것을 이 어린아이들이 훔쳐본 거예요. 그래서 부모가 나간 동안에 이 오빠가 그 섹스비디오를 켜놓고 자기 여동생하고 그대로 연습을 했어요!"

　미국 연방 약물남용·정신건강청(SAMHSA)이 2011년 공개한 자료에 의하면 미국 내 거주하는 아시아계 청소년 마리화나 흡연율에서 한국계가 1위를 차지했다. 이 통계는 무엇을 의미하는 것일까?

　한국인의 중독은 다양한 부분에서 그 심각성을 나타내고 있다. 이민 사회의 경우 미국 사회에 적응하는 과정에서 굉장히 외롭게 생활할 수 있다. 영어가 잘 안 통하고 사회, 문화적 장벽도 있기 때문이다. 이에 적응 못 하는 아이들이 미국 마약 조직들의 타깃이 된다. 그리고 시간이 흐르면 마약을 접하게 된 자녀들도 문제가 크지만 부모들도 심각한 상태로 바뀌어 간다. 그렇게 가족의 문제가 된다.

마음

중독은 중독자의 마음으로부터 시작된다. 보고 듣는 것을 통해 생각하고, 마음으로 결정하여 행동으로 이어진다. 중독의 책임은 마음으로부터 출발한다.

"누구든지 진 자는 이긴 자의 종이 됨이라"(벧후2:19).

성경은 노예화의 과정을 잘 설명한다. 중독에 빠지면 죄가 삶을 지배하는데, 불순종의 열매들을 맺기 때문이다. 은혜를 받아 깨달아지면 열매를 맺는다고 성경은 기록하고 있는데, 중독은 은혜로부터 멀게 하고 말씀의 깨달음으로부터 벗어나게 한다.

그러므로 마음을 잘 지켜야 한다.

모든 지킬 만한 것 중에 더욱 네 마음을 지키라
생명의 근원이 이에서 남이니라
(잠언 4:23)

자기의 마음을 제어하지 아니하는 자는
성읍이 무너지고 성벽이 없는 것과 같으니라
(잠언 25:28)

실패에 대한 두려움으로 중독에 빠져드는 사람들은 마약, 술, 혹은 도박을 하며 지난날의 실패와 고통을 잊으려 몸부림친다. 중독자는 해결방법을 찾지 못한다.

속박의 힘을 여전히 과소평가하고, 중독으로 망가져버린 자신이 아직도 스스로 그 습관에서 벗어날 수 있다고 착각한다. 같은 하늘 아래 머물고 있는 사람들. 어그러진 시대에 살아간다고 말하는 사람들 우리 모두는 무엇인가에 중독되어 살아간다.

마약, 알코올, 도박, 게임, 음란물, 스마트 폰. 우리는 지금 무엇인가에 중독되어 있다. 순간의 쾌락은 우상이 되고 그것을 추구하는 욕망에 지배되었다. 욕망은 우리를 속박했고 속박은 중독으로 이끈다.

개인과 가정 그리고 사회를 파괴하는 가장 대표적인 원인이 중독이다. 마약, 알코올과 같은 물질 중독만이 아니라 게임, 일, 관계 등에서 오는 행위 중독도 있다.

중독을 병으로 보지 않고 그 근원을 죄에서 찾을 때 이 세상은 생각보다 훨씬 더 어그러져 있음을 보게 된다.

2018년 11월 1일 쿠키뉴스는 중독에 대해 이렇게 보고 했다.

중독은 개인, 매개체, 환경 세 가지의 상호작용에 의해 발생한다. 게임 중독의 실체를 인정하는 것이 곧 '게임은 나쁜 것이다'를 의미하지는 않는다.

'게임만' 하는 것이 게임 만드는 자의 책임은 아니다.

그렇다면, '게임도' 할 수 있는 환경은 도대체 누가 만들어야 하는가?

아주 중요한 질문이다. 게임 중독의 실체를 인정하지 않으려는 사람이 있는 반면에, 게임 중독의 실체를 인정해야 한다고 주장하는 사람들이 있다. 두 번의 경험을 증언하면 다음과 같다.

몇 해 전 선교기관에서 진행하는 중독 관련 세미나에 강사로 간 일이 있다. 주제는 〈중독의 부정적인 면을 어떻게 극복할 것인가〉에 대한 내용이었다. 게임 중독의 심각성과 역기능에 대하여 충분히 설명했다. 반응이 좋았다.

문제는 다음 강사였다. 그분은 게임을 개발한 크리스천 기업의 대표였는데 내 강의 후 그분의 강의가 너무 어렵게 진행되었다. 아무리 게임의 긍정적인 측면을 강조해도 이미 앞선 강의로 인해 거부감이 가득했기 때문이었다.

며칠 후 그분으로부터 메일을 받았다. 상당히 불편한 마음을 표현해 왔다. 지금 생각해도 이해가 된다. 하지만 우리 둘 다 위의 질문에 대한 답을 내리지 못한 채 한 방향만을 바라보았던 것이 아닌가 생각된다. '게임도' 할 수 있는 환경을 만들어야 될 주체는 어른들이다. 기성세대가 지금과는 다른 플랫폼을 만들어야 한다.

캐나다 토론토 코스타에 참석했을 때의 일이다. 모든 일정이 종료된 후 지역 교회에 가서 중독을 주제로 설교를 했다. 강의를 마친 후 교사 한 분이 아들 문제로 상담을 요청했다. 그때 해 주셨던 말씀이 있다. 캐나다에서는 게임 중독이라고 특정할 상황이 한국과는 아주 다르다고 했다.

"한국과 캐나다의 게임 중독에 대한 경계는 아주 다를 것 같습니다. 아이들이 받는 스트레스가 매우 다르기 때문입니다. 한국은 학생들이 아침 일찍부터 저녁 늦게까지 학교와 학원에서 공부에 매달리고 수많은 친구들과 경쟁을 해야만 대학이라는 문을 두드릴 수 있습니다. 이곳은 다릅니다. 누구든지 대학교를 갈 수 있습니다. 만약 자신이 원하는 대학을 꼭 가고 싶을 때는 열심히 공부하면 갈 수 있습니다. 같은 양의 게임을 하더라도 받는 스트레스가 달라 중독의 기준이 다르다고 생각합니다."

나는 그의 말에 동의했다. 중독에 대한 다양한 상황적 이해를 가지고 있을 때 중독과는 거리가 먼 환경을 조성할 수 있다.

게임에 대한 우리의 사고는 고정 프레임에서 벗어날 때 청소년들과 소통하는 지점에 이를 수 있다. 아이들이 왜 중독에 빠지는지, 중독이 되면 실제로 겪는 어려움들이 무엇인지에 대한 사회와 교회의 인식 수준이 매우 낮다. 게임을 중독의 문제로만 보고 무조건적으로 반대하는 것이 아니라 효과적으로 청소년들의 스트레스 극복에 도움이 되고, 추후 이 영역에서 좋은 콘텐츠를 만드는 발판들이 된다면 더없이 좋을 것이다. 물론 현재까지는 묘연하기만 하다.

중독을 치료하는데 도움을 주고, 이를 기독교적인 시선으로 연구하는 사람들이 늘 강조하는 것은 병리적 문제를 빨리 치료하는 것이다. 의료기관 및 지역사회의 상담기관(여기에는 교회도 포함)의 고민이기도 하다.

대부분의 중독과 연관된 사람들과 그의 가족들은 최초 문제가 발생하는 당시보다 문제가 아주 심각해질 때 비로소 도움을 요청한다. 중독에 대한 이해가 바로 서지 못하면 시기를 놓쳐 치료의 기회를 잃어버리는 경우가 많다. 자신과 자신의 가족이 도움이 필요하다는 것을 아는 것에서부터 중독의 회복은 시작된다.

이제 게임 중독의 구체적 사례를 살펴보자!

게임 중독과 관련된 끔찍한 사건이 2012년 있었다. 어느 날 이른 아침, 검은 봉지를 손에 든 여성이 건물을 나섰다. 그리고 잠시 후 여성은 빈손으로 걸어가고 청소를 하던 미화원이 무언가를 주워 쓰레기 위에 버렸다. 다음날 오후 쓰레기통을 열어보던 근처 마트 종업원이 뒷걸음을 쳤다. 영아의 시신을 발견한 것이다.

사건의 내막은 이랬다. 20대의 정 모 씨는 불우한 가정환경에서 자랐다. 가출을 일삼다 고등학교 졸업 후에는 집을 나와 PC방과 찜질방 등을 전전했다. 정씨는 PC방에서 게임을 하던 도중 양수가 터져 화장실에서 급히 아이를 낳았다. 게임을 하는 동안 양수가 터졌는지도 모를 만큼 심각한 중독상태였다. 게임에서 만난 남성과 동거를 했지만, 임신 이후 갈등이 깊어지자 혼자 지내오다 이런 참담한 일을 저지르고 말았다.

게임 중독은 발전된 형태로 또 다른 중독으로 이어진다. 게임이 도박화되었다는 것은 많은 전문가들의 공통된 의견이다. 그 이유를 좀 명확히 알아야 한다. 우리나라 게임 시장은 전 세계에 가장 큰 영향력을 차지하고 있다. 게임업체들이 난립하다 보니 실질적으로 돈을 내고 하는 게임에 대한 사람들의 선호도가 떨어지게 되었다. 업체들은 궁여지책으로 게임을 무료화하기 시작했다. 문제는 게임의 투자 비용과 홍보비용을 충당해야 한다는 점이다. 이 비용을 충당하기 위해 게임은 무료로 하되 아이템을 사도록 시스템을 구축한다. 이 시스템이 게임 중독으로 연결되고, 도박 중독으로 이어진다.

1922년, 일제강점기에 우리나라에 들어온 경마는 현재 대한민국의 가장 큰 도박 산업이 되었다. 규모가 큰 만큼 피해가 많은 영역이다. 젊은이들 역시 스포츠 토토 같은 스포츠 경기의 배팅에 빠져 사채를 빌려 쓰기까지 한다.

무엇이 이 사회를 중독의 늪으로 끌고 가는 것일까?
우리는 현실을 알고 있는 것일까?
다시 한번 강조하지만 우리 모두는 중독되어 있다. 중독 때문에 일어나는 사건들은 차마 거론하기 힘든 뉴스들이다. 중독으로 인해 급속하게 증가하는 존속 살인사건은 최근 5년 사이 일주일에 한 번씩 일어나고 있다.

마약, 알코올, 도박, 게임, 스마트 폰 중독은 중독자들을 의존케 하는 동시에 지배하고 있다. 자신은 아니라고 하지만 무서울 정도로 사람을 변하게 만든다. 안타까운 것은 치유와 회복의 사례가 많지 않다.

게임 중독에서 벗어나거나, 디지털 중독, 스마트 폰 중독에서 벗어났다는 말을 쉽게 들을 수 없다. 한편으로는 스마트 폰이나 게임의 과다사용을 역기능이 있다는 이유만으로 중독이라는 강한 표현을 하는 것에 대한 반대 주장도 있다.

그러나 모든 이해관계를 내려놓고 생각한다면 스마트 폰 중독이나 SNS, 게임 중독이 얼마나 심각한지 공감할 것이다. 그렇다면 해결할 길이 없는 걸까? 해결할 길은 반드시 있다. 중독의 근본 원인을 육체가 아닌 영혼에서 찾을 때 중독은 회복된다. 모든 중독은 같은 속성을 가진다. 인간을 파괴하고 종속시킨다. 그리고 지배한다.

디지털 중독의 회복 사례를 아직은 찾기 어렵지만 회복의 방법을 알고 있다. 모든 중독의 치유와 회복이 후회에서 시작하는 원리도 같고 회복의 과정도 같기 때문이다.

회복 대안 1

2012년 이후 급속히 성장하여 22개국 80개 도시에 4,500여 개의 교회와 센터를 설립하여 중독자들을 돕고 있는 BETEL의 지도자 '엘리엇 테퍼'. 그는 스페인에서 가장 많은 장례식을 치른 선교사다. BETEL교회의 성도들의 상당수는 중독자로서의 방탕한 삶을 살았기에 에이즈 보균자들이기 때문이다. 그는 1980년과 1990년대에 아주 많은 장례를 치렀다.

엘리엇은 캠브리지 대학에서 경제학을 공부하고, 하버드 대학에서 MBA를 취득한 엘리트였다. 운동도 잘해서 레슬링 챔피언십도 거머쥐곤 했다. 그런 그가 1983년 스페인으로 갔다. 어쩌다 안정된 삶을 버린 채 중독자들을 돕는 인생을 살게 된 것일까? 제일 궁금한 부분이었다.

그는 과거 히피족과 어울리며 마약을 경험했다. 그렇게 방황하던 어느 날 하나님을 알게 되며 참된 인생에 대한 답을 얻게 되었고 삶은 변화되었다. 아내 메리를 만나 결혼을 한 후, 선교사가 되어 가족과 함께 멕시코로 떠났다. 그는 지난 과정을 이렇게 설명해 주었다.

"멕시코에서는 엘리트들을 향한 사역이 큰 성과를 거뒀습니다. 그리고 우리는 스페인으로 가라는 부르심을 받고 1982년도에 멕시코를 떠났습니다. 1983년, 스페인에 도착해 대학생 사역을 하기 위해 마드리드와 스페인의 수많은 대학교들을 찾았습니다. 그런데 2년이 지나도 그 어떤 대학생도 관심을 보이질 않는 거예요. 스페인은 복음에 냉담했어요. 유럽연합에 가입을 하고 점점 부자나라가 되어가고 있었죠. 멕시코에서는 엘리트 대학생 사역에 많은 열매를 맺었지만 스페인에서는 달랐어요."

"저희 집 근처 마드리드의 산블라스 거리에 사는 사람들은 대부분 마약 중독자, 알코올 중독자, 창녀들이었는데 그들이 우리가 전하는 복음을 듣고 도움을 요청하기 시작했습니다. 자연스럽게 우리는 대학생에서 범죄자들 즉 소외된 마약 중독자들에게 눈을 돌렸습니다. 그들은 하나님께 반응했습니다. 그렇게 해서 시작되었습니다. 행운이었죠. 아니요, 행운이 아니라 (하나님의)인도하심이었습니다."

그래서 설립한 선교단체가 BETEL이었다. BETEL은 엘리엇 테퍼가 몇 명의 동역자와 함께 아파트를 공개하면서 시작되었다. BETEL의 영어식 표현은 BETHEL(하나님의 집)이라는 뜻이다.

엘리엇과 그의 동료들은 중독자들에게 전단지를 만들어 배포했는데 먹여주고, 재워주고, 심지어는 직업 교육까지 시켜준다는 내용이었다. 조건은 예배를 드리는 것이었다.

엘리엇은 기독교 신앙을 강요하지는 않았다. 하지만 자신들이 누구인가는 분명히 밝혔고 뜻에 동의하는 사람들에게 예수 그리스도를 점차적으로 소개해 나갔다. 엘리엇의 이와 같은 정책 배경에는, 예배의 자리까지는 자신들이 인도할 수 있지만 믿음이야 말로 성령께서 역사하셔야 가능한 일임을 알고 있었기 때문이었다. BETEL의 회복 프로그램을 보면 좀 더 자세히 알 수 있다.

중독의 3단계 재활법

BETEL에서 사용하는 프로그램은 한 마디로 말하면 복음이다. BETEL은 복음을 전하며 복음의 말씀대로 살고, 삶의 모든 영역을 변화시키는 복음의 영적 유익을 사람들에게 소개한다.

굳이 3단계로 생각하지 않으며, 단지 그리스도 안에서 삶을 사는 것이라는 믿는다. 하지만 정부 또는 교회, 공공기

관에 발표할 기회가 주어지면 3단계 프로그램으로 설명할
수 있다.

1단계는 몸에 중독된 마약, 게임, 알코올, 도박 등 각종
중독의 습관과 행동, 중독을 해독하는 것이다. 기독교인이
되거나 기독교 교리를 받아들여야 한다는 의무를 지우지
않고, 육체적 필요만 채워준다.

진정으로 그를 사랑하고, 용납하며, 재활할 수 있는 환경
을 만들어 준다. 술과 컴퓨터, 스마트 폰 사용을 금하는데
그것이 해독을 위한 유일한 방법이다. 좋은 음식과 휴식, 노
동, 오락 등을 통한 해독으로 신체적으로 건강하게 만든다.
이 과정은 약 1개월 동안 진행된다.

2단계는 감정 재활 과정이다. 개인의 영혼을 만지는 단
계로 마음과 감정의 영역을 다룬다. 공동체 자체의 관습과
구조에 따라 생활하면서, 가족 집단의 인격을 닮아가면서
자신의 쇠약해진 정신적, 도덕적, 감정적인 부분을 회복하
도록 격려한다.

정해진 시간에 일어나고, 할 일이 주어지며, 침대, 세면
용품 등 개인적인 물품을 관리하게 한다. 부엌이나 숙소에
서 일해야 하고, 단체 노동에 합류해서 매일 노동하고 자신

의 일정을 보고해야 한다. 부모 역할을 하면서, 생활 습관을 바꾸도록 돕는다.

변화된 습관을 봄으로써 중독자들의 태도가 변했는지를 알게 된다. 이것은 삶에 대해 긍정적인 생각을 갖고 권위에 순종하며, 다른 사람들을 존중하는 것을 뜻한다.

만일 거듭남이 없다면 위의 것만으로는 충분하다고 느끼지 못한다. 정신적 삶에서 영적 삶으로 이어지는 다리를 놓아주게 되는데, 그것은 오직 하나님을 통해서만 가능한 일이다.

매일 경건회, 정기적 집회, 말씀 선포, 기도회를 통해 거룩한 분위기를 조성한다. 그리스도를 중심에 모시고 있는 간사들은 각 사람이 자신이 편한 시간에 자신의 방법대로 복음을 들을 수 있고 그리스도께 결단하도록 그리고 지난날의 삶을 회개하고 마음을 열고 성령님을 영접하도록 돕는다.

물론, 정신(Soul)과 영혼(Spirit) 사이에 마음(Heart)이 있는데, 이 마음은 정신적 삶(Soul-life)과 영적 삶(Spirit-life) 사이를 이어주는 다리로서, 감정과 영적인 것이 연결되는 부분이다.

그다음에 성화(Sanctification)가 있다. 한 번 사람이 거듭나고 영혼이 새롭게 되었을 때, 하나님께서는 소생 (Renewal)의 영을 회복하신다. 개인의 거룩한 삶은 이런 식으로 발전하게 된다. 이렇게 된 사람은 거룩하기를 바라며, 말씀을 삶에 적용하게 된다. 다시 말하면 2단계에서는 정신과 영혼을 다룬다.

이 기간에 다양한 영역의 훈련을 받게 된다. 노동하는 팀에 합류하게 되는데, 자동차 작업장에서 기술도 배울 수 있다. 목조 주택과 중고 가구 만드는 방법이나 정원 가꾸기 등을 배우고 영화 제작이나 첨단 IT 기술 등도 배운다.

이 부분은 특별한 심사를 통과해야 배울 수 있다. 실제적인 전문 기술을 가르쳐 줄 수는 없지만 다른 기술자들과 함께 일하는 것을 배우게 한다. 정부 프로그램이나 다른 수습 과정에 참여할 수 있을 만큼의 기술은 확실하게 가르친다.

3단계는 세상으로 돌아가는 것이다. 육체적으로 중독에서 해독되고, 감정과 태도, 정신적 삶이 새롭게 되면, 그리스도께서 그들 마음에 거하시게 되어서, 공동체 밖에서 실제로 살 수 있게 된다.

그러나 하나님과 개인적인 관계를 확실하게 지속적으로 가지고 있을 때 공동체 밖으로 보내게 된다. 보통 3단계에 이르기까지 1~2년이 걸리기도 한다. 2~3년 정도 보살펴 주고 싶지만, 가능한 1년이 지나면 기본적으로 나갈 준비가 되어 있다고 생각한다.

안정적인 가정환경으로, 기독교인 배우자에게로, 또는 지역 교회로, 사랑을 받을 수 있는 곳으로 돌아갈 수 있게 되는 것이다. 만약 주어진 환경이 그렇지 못할 때에는 어려움을 맞게 된다. 세상의 유혹으로부터 보호하고 격리시킬 수 있는 기독교 문화 속으로 들어가야만 한다.

중독자 사역을 성공적으로 감당하는 교회가 극소수 이므로 회심하게 된 자들은 아주 소중하다. 그렇기 때문에 대부분의 교회는 이들을 기쁘게 받아들인다. 대개 이런 경우 목사들이 이들을 잘 보살펴준다. 어떤 경우는 많은 이들이 있던 곳에 머물면서 사역하려고 한다. 이 부분에 대한 연구는 계속되고 있다.

어떤 사람들은 BETEL이 젊은이들을 세상으로부터 격리시켜 온전하게 한다는 목적으로 가두어둔다고 비평할지도 모르겠다. 하지만 BETEL은 중독자들이 공동체 밖에서 온전히 주어진 역할을 감당할 수 있다고 확신하고 또 대부분이 그렇게 하고 있다. 그중 몇 명이 함께 머무르면서 하나님 나라의 사역에 동참하겠다고 하면 아주 기쁜 일이라고 한다.

솔직히 말해서 개인적으로는 군대와 같이 기동력이 있고, 활동적인 교회를 좋아한다. 모든 교인이 선교사였던 초기 모라비안 교도나 군인과 같았던 구세군 혹인 10명에서 20명 중에 한 명이 선교사였던 기독교 선교 연합회와 같은 교회를 세웠으면 하는 꿈이 있다.

3단계는 그들을 놓아주지만 하나님을 알고 제대로 주어진 기능을 다 하도록, 필요하다면 공동체에서 독립하여 정상적인 삶으로 돌아가도록 돕는 것이다. 만일 그들이 하나님의 뜻 가운데서 하나님의 나라와 우리의 비전을 온 세상으로 확장하는 길에 동참한다면 우리는 아주 기뻐할 것이다.

회복 대안 2

BETEL에서의 예배는 언제나 감동적이다. 영원의 끝자락에 매달려 있던 삶들이 새로움을 경험하는 시간이기 때문이다. 누구도 자신들과 대화하지 않았던 그때 자신에게 손을 내밀었던 유일한 하나님으로 인해서 세상 중독자들은 점점 변화되어 간다.

엘리엇 테퍼는 이렇게 말했다.

"BETEL은 병원도 재활기관도 아닙니다. '크리스천 가정' 입니다. 사람들과 개인적인 관계를 맺으며 생활하는 공동체이지, 클리닉이 아니에요. 이곳에는 환자도 없고, 고객도 없어요. 세상적인 기관은 보통 마약 중독자들을 고객 또는 환자라 생각하는데, 아니에요. 그들도 사람이에요.

우리는 그들이 와서 친구가 되고 우리와 함께 생활하기를 원하고 있습니다. 아침에 예배드리고 설교 듣고, 모임에서 설교들은 것을 묵상하고, 그것을 삶에 적용시킵니다. 예배를 드리기 전에 먼저 성경을 읽으며 마음을 열게 되죠. 자연스럽게 변화됩니다."

엘리엇은 정부가 추진하는 약물치료와 심리치료만으로는 중독이 고쳐질 수 없다고 말한다.

"정부는 요즘 '해로움 줄이기'라는 대응책을 내놓고 있습니다. 고칠 수 없다고 믿는 것이죠. 그저 중독자가 스스로에게 그리고 사회에 끼치는 피해를 줄일 수 있다고 믿습니다. 돈을 주고 아파트를 주고, 메타돈 같은 다른 약을 주면서요. 헤로인을 대체할 수 있는 메타돈을 주고 아파트를 주고 돈을 주면, 도둑질하지 않을 테니까요.

하지만 그것은 치료가 아닌 사회에 끼치는 해를 줄여줄

뿐입니다. 진짜로 치료해 주는 것이 아니라 단지 이론적인 것에 불과하죠."

그리고 이렇게 덧 붙였다.

"인간의 수단으로 치료할 수 있는 방법도 여러 가지가 있겠지만, 많은 연구 자료를 보면요. 성경을 가르치는 크리스천 기관들이 제일 높은 치료율을 보이고 있음을 알 수 있습니다. 미국 정부의 연구에 의하면 정부기관을 통해 회복된 마약 중독자들은 3%밖에 되지 않습니다.

그런데 BETEL에서는요, 주님을 영접하고, 1년에서 1년 반 정도 프로그램에 집중하고, 교회를 가고 하면 90%가 회복됩니다.

BETEL에 들어왔다가 바로 나간 사람들은 15~20% 회복될 가능성이 있습니다. 하지만 하나님을 만나고 BETEL에 남게 되면 하나님의 은혜가 삶 속에 역사하셔서서 90% 정도가 다시 일어섭니다. 그러니 당연히 하나님만이 답입니다."

스페인 마드리드에서 가장 많은 중독자들이 모이는 교회. 중독자와 중독자의 가족들이 함께 모여 예배한다. 그리고 오직 한 분. 자신을 중독으로부터 해방시켜 주신 하나님을 찬양한다.

그래서 중독에 빠져있다면 당장 도움을 구해야 한다. 국가 기관에, 혹은 병원과 기업에 도움을 구해야 한다. 그래도 회복이 되지 않는다면 확실한 방법이 있다. 하나님께 도움을 구하면 중독에서 벗어날 것이다. 고객을, 환자를 만나는 것이 아니라 사람을 만나 주시기 때문이다.

엘리엇 테퍼는 이렇게 중독자가 회복될 수 있다고 했다.

"무당벌레는 구조상으로 보면 날 수 없습니다. 날개도 너무 작은데다가 이래저래 날 수 없는 생김새를 가졌습니다. 하지만 무당벌레는 날 수 있습니다. BETEL도 실패로 끝날 것 같았어요.

하지만 잘 돌아가고 있어요. 마약 중독자, 알코올 중독자 등 인생을 낭비하던 망가진 사람들이 어떻게 비즈니스를 교회를 운영하며 선교·사역을 한단 말입니까? 하지만 모든 것은 가능했습니다. 그들은 날 수 있었던 것이죠."

중독과 전도의 문

전도하면서 살아야 하는데 전도하지 않는 사람들이 너무 많다. 전도의 문이 막혔다고 고민할 일이 아니라 하면 되는 일인데 그렇게 하지 않는다. 생각해 보면 전도는 항상 일대일로 이루어졌지 집단으로 이루어지지 않았다. 간혹 집단으로 이루어진 현상들을 보이지만 결국은 홀로 서서 복음을 만날 때 진실한 영접이 이루어진다. 우리가 만났던 복음은 그런 세밀함이 있다.

2006년 처음 쓴 책에서 전도는 명령이 아니고 선물로 이해해야 한다고 주장했었다. 그 이유는 전도하게 되면 은혜라는 선물을 받기 때문인데, 은혜가 세상을 이길 힘이 된다. 이런 주장을 하게 된 주된 요인은 전도팀을 책임지고 있는 상황에서 은혜를 받는 현장을 너무 많이 보았기 때문이다 (전도를 한 번이라도 해본 사람은 알고 있다).

그리고 전도를 생활화해야 하는 이유는 제자도와 연관이 있다. 간혹 한마디의 말로 복음을 듣고 결신하는 경우가 있으나 대부분은 삶으로 증거된다. 전도는 자신이 예수의 제자로 살아가는 과정에 일어나는 일이니 결국 자신을 위한 일이다. 수신을 위한 과정에서 일어난다는 의미다.

은혜는 우리의 마음을 바꾸어주는데, 마음이 바뀌면 얼굴이 변한다. 그 형상과 은혜가 조합되면 자신(?)을 다스리는 카리스마가 주어진다. 전도는 선물이다.

은혜(카리스)

'은혜'는 헬라어 '카리스'($\chi\acute{\alpha}\rho\iota\varsigma$)인데, 이 단어는 카이로 ($\chi\alpha\acute{\iota}\rho\omega$)에서 유래되었다. 은혜는 기쁨과 관련된다. 즉 은혜는 기쁨과 같이한다. 은혜받지 않으면 참 기쁨을 얻을 수 없다.

"그리스도 예수 안에 있는 구속으로 말미암아 하나님의 은혜로 값없이 의롭다 하심을 얻은 자 되었느니라"(롬3:24).

"죄가 너희를 주관치 못하리니 이는 너희가 법아래 있지 아니하고 은혜($\chi\acute{\alpha}\rho\iota\nu$) 아래 있음이니라"(롬6:14).

"이 복음을 위하여 그의 능력이 역사하시는 대로 내게 주신 하나님의 은혜의($\chi\acute{\alpha}\rho\iota\tau\sigma\varsigma$) 선물을($\delta\omega\rho\epsilon\acute{\alpha}\nu$) 따라 내가 일꾼이 되었노라"(엡3:7).

은사(카리스마)

은사는 은혜를 나누는 것이다. 은사는 '카리스마' ($\chi\acute{\alpha}\rho\iota\sigma\mu\alpha$)로 '나눠주다', '내어주다', '은혜로 주다', '용서해 주다'는 단어 '카리조마이스'($\chi\alpha\rho\iota\zeta\sigma\mu\alpha\iota\varsigma$)에서 유래되었다. 이 '카리조마이스'는 '은혜'를 뜻하는 '카리스'($\chi\acute{\alpha}\rho\iota\varsigma$)에

서 유래되었다.

그러므로 은사는 은혜를 나타내는 역할을 한다. 은혜를 받아야 은사를 행할 수 있다. 하나님이 주신 은혜대로 받은 은사가 다른 데 예언이면 믿음의 분수대로, 혹 섬기는 일이면 섬기는 일로, 가르치는 자면 가르치는 일로 그 일을 한다(롬12:6~8).

각각 은사를 받은 대로 하나님의 각양 은혜를 맡은 선한 청지기같이 서로 봉사하며 하나님의 기쁨을 나눠 줘야 한다(벧전4:8~10). 은혜와 은사는 하나님의 선물이다(롬5:14~21).

카리스마는 '신으로부터 특별히 부여받은 재능'이라는 뜻으로, 신이 어떤 특정한 사람에게 내린 초자연적인 능력을 가리키는 말이다. 쉽게 말하면 예언이나 병을 낫게 하는 힘 따위를 말한다.

다른 말로는 '신의 은총'이라고도 한다.

본래는 종교적인 의미를 가졌던 이 말이 오늘날에는 정치적인 의미로 변질되어 널리 쓰이고 있다. 즉, 지도자가 일반 대중의 지지나 후원을 얻는 비범한 정신력과 권위, 곧 지배자의 초자연적 특성을 말할 때 사용된다.

독일의 사회학자 막스 베버는 이 '카리스마'를 합법적 지

배, 전통적 지배와 함께 지배의 세 가지 유형 중의 하나로
제시했다.

전도가 명령이기도 하지만, 선물이라는 관점은 잊혀있
다. 단순히 지상명령으로만 오해되어 전도를 하자는 주장
도 교회의 목회자 또는 지도자가 성도들의 눈치를 보면서
해야 하는 상황으로까지 나간 사회가 오늘이다.

전도가 선물이라는 관점을 이해한 성도들에게 전도는 복
을 받는 과정이므로 목회자들이 아무리 강조해도 불평이
나오지 않는다. 그래서일까? 웬일인지 이것을 가르쳐 주지
않는다. 마치 비밀처럼 감추어져 있다.

오늘날의 교회는 성도들에게 전도가 선물임을 가르쳐야
하고 누구든지 전도의 현장으로 나갈 수 있도록 도와야 한
다. 터널을 통과해 빛으로 나오는 장면은 프레임 안과 밖을
제대로 보여주는 메타포(metaphor)다.

고개를 넘어가 보지 않고서야 어찌 그 너머의 마을을 볼
수 있겠으며, 터널을 통과하지 않고서야 어찌 충만한 빛을
볼 수 있겠는가. 전도를 해 보지 않으면 결코 전도가 주는
영적 은혜를 체험할 수 없다.

교회는 성도들이 전도를 할 수 있도록 도움을 주어야 한다. 전도 중심형 교회가 되어야 하는 이유다. 나이가 많거나 적다 해서 못한다거나, 건강 때문에, 직업 때문에, 남자 또는 여자이기 때문에, 성격이 내성적이라서 라는 등의 이유 때문에 전도를 하지 못한다는 핑계를 대지 못하게 해야 한다. 전도는 은혜의 도구다. 은혜를 받아야 깨달을 수 있고, 결국 열매를 맺는다.

이 복음이 이미 너희에게 이르매
너희가 듣고 참으로 하나님의 은혜를 깨달은 날부터
너희 중에서와 같이 또한 온 천하에서도
열매를 맺어 자라는도다
(골로새서 1:6)

우리가 믿음을 가진 자로서 달란트를 받았는데 그 달란트를 땅에 묻어두지 않고 배를 남기기 위해 필요한 것이 무엇일까? 은혜를 받는 것이다. 은혜를 받는 방법 중의 하나가 전도이다.

전도를 하려는 우리의 시선에 대하여 살펴볼 필요가 있다. 기본 원칙을 강조하고 싶다. 바로 '허리를 굽히는 것'이다. 허리를 굽혀야만 보이는 곳이 있다. 허리를 꼿꼿하게 세워서는 도저히 볼 수 있는 곳이 중독자들과 그들의 가족이 사는 곳이다.

전도의 방향은 여러 가지가 있지만 그중 한 가지는 중독으로 파괴된 영혼을 건져내어 주님께 인도하는 것이다. 그 사례를 성경을 통해서 찾아 볼 수 있다. 디모데후서 3장 1절에서 5절까지의 말씀이다.

1 너는 이것을 알라 말세에 고통하는 때가 이르러
2 사람들이 자기를 사랑하며 돈을 사랑하며 자랑하며 교만하며 비방하며 부모를 거역하며 감사하지 아니하며 거룩하지 아니하며
3 무정하며 원통함을 풀지 아니하며 모함하며 절제하지 못하며 사나우며 선한 것을 좋아하지 아니하며
4 배신하며 조급하며 자만하며 쾌락을 사랑하기를 하나님 사랑하는 것보다 더하며
5 경건의 모양은 있으나 경건의 능력은 부인하니 이같은 자들에게서 네가 돌아서라

(디모데후서 3:1~5)

위의 말씀은 흔히 말하는 종말의 상황에 대하여 설명하고 있다. 종말론과 관련해서는 요한계시록과 마태복음을 흔히 인용하는데, 디모데후서 3장에 아주 상세히 기록되어 있다는 사실을 잊고 있는 사람도 많다.

본문에는 하나님을 사랑하는 것보다 자신을 사랑함으로 일어나는 문제들이 열거되어 있다. 이 현상이 나타나는 때가 바로 말세라는 사실을 강조한다.

돈을 사랑하고, 자랑하고 교만한 삶, 부모를 거역하고 감사함이 없는 삶, 거룩함이 사라진 삶, 쾌락을 사랑하기를 하나님보다 더 사랑하는 모습에서 경건이 사라진 시대가 곧 멸망의 시대다. 이 모든 일은 결국 자신 중심의 사랑 곧 욕심에서 비롯된다. 모든 욕심으로부터 시작되는 죄의 씨앗은 '중독'이라는 표현으로 정리해도 결코 무리가 아니다.

마약, 알코올, 도박, 게임 등의 중독보다 더 심한 것이 무엇일까? 그것은 인간성을 잃어버린 자기중심적 사고로 살아가는 상태다. 그것을 교묘히 표현하며 우매한 사람들에게 진리를 왜곡하여 전하고, 결국은 자기 목적을 위하여 이용하는 사탄적 사고들이 팽배한 시대. 곧 중독된 사회다. 죄로 중독된 사회. 이러한 사회는 자신을 의지하게 만들고 하나님보다 자신을 사랑하게 만든다.

그렇다면 인류의 문제를 해결할 대안은 무엇일까?

중독으로부터 벗어나는 방법이 무엇일까?

중독의 영역에서 종교인과 비종교인들이 공통적으로 말하는 것이 있다. 일과 종교다. 중독자들을 향한 전도의 시선이 필요한 이유다. 그 사례를 BETEL에서 찾을 수 있다.

마약 중독자이자 에이즈 환자였던 아이요는 2011년 당시 41세에 사망했다. 그를 만나 촬영과 인터뷰를 한 3개월 후였다. 이메일로 그의 사망 소식을 들었을 때의 충격이 지금도 남아있다.

방탕한 삶을 살다 신앙을 갖게 된 아이요는 자신의 삶을 이렇게 간증해 주었다.

"이 모든 것은 하나님께서 하신 일이라고 생각합니다. 저의 인생만 변화시키지 않고 고향에 있는 가족과 친구와 친척들과의 화해도 이루어지게 하셨어요. 그전에는 가족들이 더 이상 저를 원치 않는다며 내쳤고, 친구들은 나와 말을 섞지 않았습니다. 전 고향을 떠날 수밖에 없었습니다. 희망은 누구에게나 있습니다.

저 또한 전에는 제 자신이 하찮게 여겨지고, 아무런 희망이 없었고, 심지어 제 자신조차 믿지 못했습니다. 하지만 희망은 반드시 있습니다. 예수님 안에 희망이 있습니다. 당신이 어떠한 환경에 있든 마약 문제, 알코올 문제 등 그 어떤 문제에 직면해있다 하더라도 당신에게는 희망이 있습니다."

아이요는 자신이 언제 죽을지 모르고 살아가기에 영원의 끝에 사는 사람(Edge of eternity)이라고 말했다. 아이요는 마지막 남은 삶을 최선을 다해 살았다. 자신과 같은 중독자들을 찾아가 복음을 전하고 그들과 함께 교회를 개척해 나갔다. 허망했던 중독자의 삶이 완전히 바뀌었다.

가장 오래됐고 성공적인 알코올 재활 프로그램은 AA(Alcoholics Anonymous)이다. 다른 어떤 재활 프로그램보다 AA를 통해 도움을 받은 사람들이 많다. 나도 AA로부터 많은 영감을 얻었다. 하지만 AA와 BETEL은 한 가지 다른 부분이 있었다.

AA졸업생이 스스로를 소개할 때 보통 이렇게 말한다.
"안녕하세요, 제 이름은 ○○○이고 저는 회복하고 있는 알코올 중독자입니다. 저는 이제 몇 년 동안 술을 하지 않았고, 저는 다시 알코올 중독자로 돌아가기까지 단 한 잔이면 족합니다."

AA는 솔직함과 겸손이 효과적임을 발견했다. 하지만 BETEL은 사람들에게 위와 같이 생각하거나 말하지 않도록 권면한다.

BETEL에서 BETEL인들은 다시 중독자가 되기까지 한 걸음 떨어져 있는 회복 중인 중독자가 아니다. 그래서 BETEL인들에게 이렇게 가르친다.

누구든지 그리스도 안에 있으면 새로운 피조물이라
이전 것은 지나갔으니 보라 새것이 되었도다
(고린도후서 5:17)

엘리엇 테퍼는 이렇게 말했다.

"사람들은 하나님을 경외하고 -에이즈로- 사형선고를 받은 것이나 다름없기에 주님을 위해 살기 시작합니다. 지구상에서 살아갈 시간이 얼마 남지 않았다는 것을 알기 때문이죠. 그래서 BETEL에서는 '영원의 끝자락에 선 사람들', '영원의 끝자락을 걷는 사람들'이라는 표현을 씁니다. 그것은 강력하고 그들의 가슴속을 관통하는 복음을 불러일으킵니다. 미신적이거나 성공을 가져다주는 그런 복음이 아니고, 죽은 종교도 아닌 가슴에 와 닿는 진정한 복음이요. 그들이 영원의 끝자락에 살고 있기 때문이죠. 하나님을 경외하는 것은 지혜의 시작입니다. 경외는 믿음을 낳습니다."

소망이 없던 사람들이 복음을 듣고 완전한 새 사람으로 바뀐 것이었다. 내일 죽을 수도 있다는 사실을 깨달은 날로부터 인생이 바뀐 것을 무엇으로 설명할까?

복음의 능력이라고 밖에 볼 수 없다. 이들에게 복음은 남아있는 마지막 삶을 어떻게 살아야 하는지 결단하게 하는 목적이 된다. 자신과 같은 사람들을 찾아가 복음을 전할 필요가 있었다. 그래서 오늘날 BETEL이 전 세계에서 가장 강력하게 복음을 전하고 있는 기관이 된 것이다.

중독된 가정

기독교 회복 공동체로 들어오는 구성원의 대부분은 그리스도를 만나기 위한 것이 아닌, 그들의 삶과 가정을 고쳐 보려는 목적을 가진다. 하지만 의외로 예상하지 못했던 하나님을 통한 회복을 체험하게 된다. 하나님께서 약속하신 그대로이다. 우리가 만약 사랑하고 그에게 순종한다면, 하나님께서 약속하셨다.

내가 기름진 밀을 그들에게 먹이며

반석에서 나오는 꿀로

너를 만족하게 하리라 하셨도다

(시편 81:16)

 이것이 교회의 능력이라고 생각한다. 중독으로 인해 고통받는 가정이 있다면 종교에 의지하는 것이 꼭 필요하다.

 어느 나라든지 중독 공동체에 들어오는 사람들의 공통점이 있다면, 그들의 인생에 부모의 역할은 없었다는 점이다.

 스페인과 영국, 인도, 미국을 다니면서 수 없이 경험하고 대화와 인터뷰, 상담을 해온 결과이기도 하고, 현재 중독된 청년이나 청소년들을 만나보면 조금도 틀리지 않는다.

 상담하는 대부분의 사람들이 지닌 공통점 역시 그들의 인생에 부모는 없었다. 죽었거나 가정파괴로 이어지는 알코올 중독자 또는 도박 중독자이자 폭력을 행사하는 사람들, 강하게 언급하면 스스로 자신의 울타리를 무너뜨리는 가정파괴범들 속에 있었다.

 물론 좋은 환경에도 불구하고 파괴적인 생활방식을 따르는 비행 청소년과 청년들도 많다. 그러나 대부분의 경우는 온전한 가정에서만 경험할 수 있는 사랑의 결핍으로 인한 자멸이었다.

아버지가 도박 중독이었는데 어머니가 알코올 중독인 경우도 있다. 도박 중독으로 인해 가정에 소홀하게 된 가장으로 인해 그의 아내도 어느 순간 삶의 끈을 놓아버린 경우가 많다. 이와 같은 상황이라면 두 사람 사이의 자녀들도 잠정적 중독의 노예로 전락할 가능성이 높다.

미국에서 만났던 박 모 씨의 경우는 알코올 중독으로 인해 회복 공동체로 들어왔다. 대단한 의지를 가지고 왔기에 머무는 동안은 잘 견딜 수 있었으나, 휴가를 얻거나 특별한 때에 집으로 돌아가면 다시 술을 찾는 일을 반복하였다.

다행인 것은 그의 아내가 인내하며 사랑으로 기다려 주었다. 내가 확인한 바로는 네 번이나 반복되는 실패가 있었음에도 그의 아내는 남편을 포기하지 않았다.

하지만 2년 후에 다시 만났을 때, 그들은 이혼한 상태였다. 두 사람의 큰 딸이 알코올 중독자가 되어 버린 것이다. 박 모 씨의 아내는 남편의 문제까지는 끝까지 인내했으나 큰 딸마저 중독자가 되어버리자 모든 것을 포기해 버렸다. 이처럼 가족 구성원의 단 한 명이라도 중독이 된다면, 가족 전체의 문제가 되어 가정이 파괴되기도 한다.

한인 사회의 중독 문제

연세대학교 의과대학 졸업하고 미국에 와서 정신과 전문의를 하며, 마약 재활 프로그램 메디컬 디렉터(Medical Director)로 30여 년간 근무를 한 서창삼 박사가 있다.

그는 일반 정신과 환자뿐만 아니라 마약, 정신 신체 박약자, 정신질환을 갖고 있는 사람들, 또 많은 치매환자들(정신질환을 같이 갖고 있는 분들)을 치료해왔다. 미국에서 제일 큰 마약 재활 센터인 〈피닉스 하우스〉에서 있었던 그와의 대화를 통해 한인 사회의 중독 문제를 들을 수 있었다.

한인교포들 중에 청소년부터 시작해서 청년, 장년, 노년에 이르는 많은 사람이 알코올 중독이나 마약 중독에 빠져서 고생한다.

이와 관련해서 한국인은 미국인과는 확연히 다른 점이 있다.

미국인은 문제가 있으면 가족들이 가장 빠른 시일 내에 전문가들한테 도움을 청해 치료를 받게 도와주는데 한국인은 대개 그것을 꺼려한다. 체면을 중시하는 문화적인 환경 때문이기도 하다.

미국인의 경우는 자녀들이 마약 또는 알코올 중독에 걸렸다고 생각하면 최단 시간 내에 전문가들을 찾아가서 자문을 구하고, 재활프로그램에 자녀들을 입원시킨다. 하지만 한국인 부모들의 경우, 자녀들이 마약을 하는 걸 알면서도 감춘다. 어떤 사람들은 교회의 장로 또는 목회자를 찾아가 상담한다. 그래서 전문가에게 찾아가는 시기가 굉장히 늦어진다. 정신과 의사나 마약, 알코올 전문 치료가 들어가야 할 상황이 되었다고 판단될 때면 이미 상태가 굉장히 나쁜 상황에 이르러 있다.

한국인들은 마약, 알코올 중독을 마치 난치병이라도 되는 것처럼 감추곤 하는데 알코올이나 마약 중독도 일반적인 병이다. 병에 걸리면 의사를 찾거나 또는 전문가를 찾아가서 치료를 받아야 회복하듯 마약, 알코올 중독도 마찬가지다. 즉시 전문 치료가 필요한 병이다. 하지만 많은 사람들이 알코올 중독자나 마약 중독자들을 이상한 눈으로 보는 편견이 있다. 그래서 오히려 병을 키우는 일이 만연한 상황이다.

유명한 연설가가 되려면 훌륭한 청취자가 되란 이야기가 있다. 많은 부모들이 자녀들과 대화하는 시간이 적다. 부모와 충분한 시간을 가지지 못하는 자녀들은 자신들 나름대로 행동을 한다. 예를 들어 학교에서 결정된 사항을 선생님이 편지를 통해 부모들에게 전한다. 하지만 그것을 읽고 이해를 하는 부모들이 많지 않다. 쳐다보지도 않는 부모도 있다. 그렇게 학교와 가정 간의 대화가 끊어지게 된다. 따라서 학교에서 자녀들이 어떻게 행동이 달라지는지 부모들은 알지 못하게 된다.

부모가 인지하기 시작했을 때는 자녀들이 이미 삐뚤어져 나간 지 오래된 경우가 대부분이다. 자녀들이 마약을 하는 애들과 어울리며 이상한 조직에 가담하게 되면 빠져나오기가 굉장히 힘들다. 여하튼 부모가 자녀에게 문제가 있단 걸 발견했을 때는 주저하지 말고 전문가한테 찾아가서 상담을 해야 한다.

물론 상담을 한다고 해서 모든 문제가 해결되지는 않는다. 전문가들이 문제가 있는 자녀들과 대화를 나누고, 설득하면서 프로그램을 진행하려고 하면 거의 대부분은 자신에게 문제가 있다는 것을 인정하지 않는다.

프로그램 참여를 거부하면서 행동장애를 표출한다. 난동을 부린다거나 집을 뛰쳐나간다던가 자살하겠다고 협박하기도 한다. 그때 부모들이 혼동하면 안 되는데, 안타깝게도 자녀들의 가련한 모습에 강하게 나가지 못하고 타협을 하거나 선물(돈)을 주며 달래기도 한다.

하지만 부작용은 심각하다. 자녀들을 사랑하는 만큼 중독의 가장 무서운 적은 돈이다. 그러므로 계속 마약이나 알코올에 의한 중독이 되어 심한 행동장애나 정신질환이 오게 되면 주저하지 말고 집에서 나가라고 내보내야 한다. 강하게 해야 한다.

그러면 결과적으로 나가서 살 데가 없고, 먹을 돈이 없으면 다시 이전과는 다른 도움을 청한다. 이때 전문가에게 보내어 치료를 받도록 한다.

중독과 선교

내가 만났던 엘리엇 테퍼는 야전군 사령관 같았다. 언제든지 복음을 위한 싸움을 준비하고 있었다.

WEC의 설립자 C. T. 스터드의 사위인 노먼 그럽이 엘리엇을 제2의 C. T. 스터드라고 한 것에 대해 나는 동의한다. 엘리엇은 자신들은 원시적인 크리스천이라고 했고, 내가 그를 처음 만났을 때 그 표현을 했는데 매우 좋아했던 기억이 있다.

C. T. 스터드는 "나는 머리가 바보인 것은 상관하지 않는다. 단지 그들의 심장이 하나님을 위해 불타고 있으면 된다"라고 했고, 또 WEC의 두 번째 국제 디렉터이자 스터드의 사위인 노먼 그럽은 "BETEL은 옛 WEC의 부활이다"라고 했다.

수평이동을 포함하는 양적인 성장에 집착하지 않고, 오직 소외되고 절망에 빠진 사람들을 찾아가 복음을 전하고, 그들과 함께 그곳에 교회를 개척하는 일을 소홀히 하지 않았기 때문이다.

성경에는 베드로와 요한이 공회에 섰을 때 "그들이 베드로와 요한이 담대하게 말함을 보고 그들은 본래 학문 없는 범인으로 알았다가 이상히 여기며 또 전에 예수와 함께 있었던 줄도 알고"라고 기록되어 있다.

그래서 지금도 "나는 마약 중독자들을 치료하는 데에는 전혀 관심이 없어요. 단지 나는 그들을 하나님의 사람들로 만들고 싶을 뿐이에요"라고 말하면 사람들이 놀란다. 왜냐하면 그들은 중독된 사람들에게 희망을 보지 않기 때문이다. 하지만 중독된 사람들과 그 가정의 구성원들이 베드로와 요한처럼 될 수 있음을 망각해선 안 된다.

이 작고 낮은 사람들을 위한 일에 교회가 관심들을 가져야 한다. 중독된 사람들, 그들은 날 수 없는 것처럼 생긴 무당벌레다. 하지만 무당벌레는 날개를 가지고 있고 날 수 있다. 복음은 이들을 위해 사용되어야 한다. 머뭇거릴 시간이 없다.

중독자들과 그들의 가족을 위해 개척된 스페인의 BETEL 교회에는 절망적인 상황에 놓여 도움이 필요한 사람이 예배한다. 사람들에게 자신이 도움을 필요로 하는 존재라는 사실을 아는 일이 가장 필요하다.

첫째, 절망적인 사람들, 중독자와 소외된 자를 돕는다.

BETEL 사람들은 인간에게 가장 필요한 것은 스스로 도움이 필요하다는 사실을 인지하는 것이라고 믿는다. 따라서 그들은 절망적인 사람들, 곧 도움을 필요로 하는 사람들을 돕는다.

BETEL이 지금까지 성장하고 그들의 삶과 사역을 통해 복음이 전파될 수 있었던 것은 사람은 누군가의 도움이 필요함을 알고, 오직 예수님만이 그 필요를 채우실 수 있다는 것을 믿기 때문이다.

역설스럽게도, 영원의 관점에서 보면, 가장 도움을 필요로 하지 않다고 생각하는 사람들이 가장 도움이 필요하다.

이 세상은 "나는 부자라 부요하여 부족한 것이 없다"라고 외치고 있다.

이것이 오직 '곤고한 것과 가련한 것과 가난한 것과 눈먼 것과 벌거벗은 것'을 아는 몇몇을 대상으로 복음을 전하는 BETEL의 성장과 성공의 비결이다.

네가 말하기를

나는 부자라 부요하여 부족한 것이 없다 하나

네 곤고한 것과 가련한 것과 가난한 것과

눈 먼 것과 벌거벗은 것을 알지 못하는도다

(요한계시록 3:17)

둘째, 재활 사역이 아니라 교회 개척 사역이다.

무엇보다 교회 개척사역이고, 그다음에 재활 사역이다. BETEL은 스페인 마드리드 산블라스 한 구역에서 교회 개척사역으로 태어났다.

BETEL을 마약 중독 재활 사역이라고 말하는 사람들이 있는데, 아니다. 교회 개척사역이다. BETEL이 마약, 알코올 중독자들 같은 소외된 사람들과 일하는 것은 사실이지만 동시에 그리스도의 몸을 섬기는 중대한 교회 사역을 하고 있다. 중독자들과 소외된 자들을 받아들이고 변화시키고 훈련시켜서 그들을 다시 현지 교회와 가정들에게 돌려보낸다. 물론 교회를 개척하기도 한다.

그들은 수십 개의 BETEL 교회들을 개척했고, 수십 개의 교회 개척이 현재 진행 중에 있다. 필자는 스페인과 인도에서 이 부분을 정확히 볼 수 있었다. 더 나아가 더 많은 BETEL의 교회들은 소외된 사람들 뿐 아니라 '정상적인' 사람들도 초청하고 있다.

그들이 개척한 많은 교회들이 이제 성숙하고 번창해서 다른 정상적인 교회들과 정상적인 크리스천들과 구분하기 어렵기도 하다. 단지 그들이 정상적인 교회들보다 좀 더 열정적일 뿐이다.

내가 영국 버밍엄에 있는 BETEL을 방문했을 때, 나의 생각은 이미 놀라움으로 가득 차 있었다. 일반적으로 생각했던 중독자들의 모습이 아니었기 때문이다. 대부분의 사람들이 예배를 기다리고 대화를 나누며 즐겁게 웃고 있거나 조용히 성경을 읽고 있었다.

그것이 BETEL이었다. BETEL은 길거리에서 남녀들을 공동체 안으로 데려와 하나님의 은혜로 바른 자리를 찾게 해주는 일을 한다. 세상으로부터 버려진 사람들을 깨끗이 샤워를 시키고 깨끗한 옷을 입게 하며, 정돈된 집과 복음이 전파되는 영적 환경을 제공한다.

그리고 하나님께서 일을 하시도록 기다린다. 하나님께 서는 그분의 때에, 자원하는 자들을 죽음에서 생명으로 데려와 교회의 일부분이 되게 하신다.

셋째, 재활 공동체는 자체적으로 경영되고 리드된다.

리더십의 대부분은 BETEL 내부에서 나온다. 리더들은 BETEL로 와서 거듭난 사람들이 대부분이다. 창세기 14장 14절에, 아브라함이 '집에서 길러지고, 훈련된' 318명을 데리고 소돔 왕과 잡혀간 롯을 구하러 가는 것과 같다.

아브람이 그의 조카가 사로잡혔음을 듣고

집에서 길리고 훈련된 자

삼백십팔 명을 거느리고 단까지 쫓아가서

(창세기 14:14)

몇몇 전문가들도 있다. 의사, 사회봉사자, 상담자, 회계사, 변호사, 건축가 및 IT 전문가들이 리더십 팀에 분산되어 있다.

하지만 BETEL의 기초와 중추는 대부분 공동체에서 구원받은 중독자들로 구성되어있다. BETEL 공동체의 멤버들과 리더십들 간에 어떤 '전문성을 띤' 거리가 존재하지 않는다.

BETEL에는 어떤 고객 – 전문인(환자 – 전문가)같은 관계가 없다. 오로지 그곳에는 그리스도를 찾으려는 희망이 가득한 BETEL인들과 그들을 초대한 친구들만 있을 뿐이다.

비록 전문적인 훈련을 받지는 못했지만, 리더들은 예수님과 함께 있다. 세상의 눈으로 볼 때, 혹은 현대교회의 기준에 미치지 못해도 그들은 충분히 목회의 자격을 갖추었다. C. T. 스터드가 말하는 '심장이 하나님을 위해 불타고 있는 사람들'이 바로 그들이기 때문이다.

그렇다. BETEL은 원시적인 크리스천들이다. 리더들의 선발과 준비과정은 옛 초대교회의 방식과 아주 비슷하다. 예수님과 함께했고 또 그분의 소명을 듣고 반응하는 사람들을 세운다.

넷째, 위험한 사람들과 위대한 모험을 한다.

이미 언급했듯이, BETEL의 리더십들은 공동체 내부에서 나온다. 그들은 그리스도의 구속 사역과 성령님의 재생 사역이 사람을 천국인으로 만들고, 더 나아가 사역을 책임지는 사역자들로 만드는 것을 믿는다.

사람들은 BETEL의 재활시설과 교회들, 그리고 기타 소득사업들이 거의 전적으로 전 중독자들에 의해 운영된다는 것에 놀라움을 금치 못한다.

하나님의 은혜와 자비가 모든 죄를 덮고 사하지만 모든 옛 상처들을 지우지는 못하는 것을 물론 잘 안다. BETEL 리더들 중 많은 이들이 에이즈나 간염 같은 건강문제, 그리고 전과기록, 정서적, 교육적, 문화적 결핍 등의 짐을 가지고 있다. 그래서 BETEL 공동체 멤버들의 삶을 이러한 '망가진 그릇들'에게 맡기는 것이 위험한 것이 아닌가? BETEL의 모든 자원에 대한 행정과 수익사업에 대한 운영을 이들의 손에 맡기는 것이 무모한 것은 아닌가? 라는 의문이 발생하기도 한다.

그렇다. 사람의 관점에서는 그렇다.

하지만 하나님 공식 속에 들어가면 이것이 그렇게 위험한 일이 아니다. 객관적으로도 다른 기독교 사역이나 NGO들과 비교해봐도 BETEL은 비교적 낮은 도덕적 폐해나 절도 기록을 가지고 있다. 물론 그런 일이 가끔 일어나기는 하지만 적어도 BETEL 고위 리더십 레벨에는 전무하다.

BETEL에는 이런 말이 있다.

"우리는 영원의 끝자락에서 산다."

BETEL 역사의 초기에는 리더들의 절반이 에이즈 환자였다. 죽음의 끝자락에 살던 그들이 하나님으로 인해 영원의 끝자락에 살게 된 후 하나님을 두려워하는 만큼 거룩함을 유지했다.

그들은 사도바울처럼 고백할 수 있는 사람들이다.

"우리는 우리 자신이 사형 선고를 받은 줄 알았으니...."

기준보다 낮은 배경을 가진 사람들과 하나님의 왕국을 세우는 것이 가능할까?

그렇다. 다시 말하지만 그렇다.

BETEL은 아둘람(아둘람의 동굴)이라는 성경학교를 통해 리더들을 훈련시킨다. 하나님께서 "가난한 자를 진토에서 일으키고 빈궁한 자를 거름더미에서 올리사 귀족들과 함께 앉게 하시는"것을 믿는다(삼상 2:8).

사무엘상에 보면 다윗은 그의 첫 추종자들을 가난하고 추방당하고 빚지고 심령이 쓴 사람들 중에서 택했다. 이 사람들의 이름들이 30년 후 사무엘하의 계보에 기록되어 있는데 더 이상 거지와 빚쟁이로 기록되어 있지 않고 용감한 영웅들로 기록되어 있다.

처음 다윗을 따랐을 때 변방에 있던 자들이 이제 왕국의 왕자로 장군으로 관료들로 변한 것이다. 오늘날 BETEL의 많은 목회자들이 그리스도의 몸의 목회자로 인정되어 여러 교회의 고문들로 자리 잡고 있다.

다섯째, 십자가에 특별한 강조를 둔다.

십자가는 기독교와 기독교의 메시지 중심에 있다. BETEL에서는 십자가의 진행과 그리스도의 삶과 죽음과 부활을 체험하는 것을 구분한다. BETEL은 십자가의 메시지를 가르친다. 그리스도께서 우리를 위해 죽으시고 죽음에서 부활하셨다는 것과 십자가의 진행을 설명한다. 믿는 자는 그리스도의 죽음과 장사 지냄, 그리고 부활과 동일시되는 걸음을 취해야 한다는 것을 배운다.

바울이 "나는 매일 죽노라" 라고 선포하였듯이 BETEL에서 그들은 매일 죽는다. 더 나아가 그리스도와 연합을 통해 고도의 승리와 영적 세상을 맛볼 수 있다고 믿고 가르친다.

갈라디아서 2장 20절을 문자 그대로 믿는 사람들이다.

내가 그리스도와 함께 십자가에 못 박혔나니
그런즉 이제는 내가 사는 것이 아니요

오직 내 안에 그리스도께서 사시는 것이라

이제 내가 육체 가운데 사는 것은

나를 사랑하사 나를 위하여 자기 자신을 버리신

하나님의 아들을 믿는 믿음 안에서 사는 것이라

(갈라디아서 2:20)

그렇다! 그곳에는 매일 죽음과 옛 삶이 하나하나 벗겨지는 과정이 있다. 죄를 짓고 정도에서 벗어났지만, 그곳에는 이제 그들의 삶이 되어버린 그리스도의 삶에 나타나는 완벽하고 완전한 승리와 진정으로 동일시될 수 있다는 가능성이 있다.

이 비밀은 만세와 만대로부터 감추어졌던 것인데

이제는 그의 성도들에게 나타났고

하나님이 그들로 하여금 이 비밀의 영광이

이방인 가운데 얼마나 풍성한지를 알게 하려 하심이라

이 비밀은 너희 안에 계신 그리스도시니

곧 영광의 소망이니라

(골로새서 1:26~27)

BETEL인들은 그리스도의 삶을 통해 계시된 하나님의

의를 알고 있다. 이것이 그들을 구별하는 가장 중요한 특성
이다.

여섯째, 지상명령을 수행하는 사람들이다.

그저 몇 개의 교회를 개척한 어느 재활센터가 아니다. 물
론 그들은 수십 개의 재활공동체와 현지 교회를 가지고 있
지만 이보다 훨씬 더 큰 것을 사모한다.

하나님께서 BETEL에게 전 세계로 복음을 가져갈 사도적
사명을 주셨다고 믿는다. 선교사들 뿐 아니라 모든 BETEL
가족 구성원들은 세상 모든 민족에 BETEL 공동체와 교회
를 개척하기를 사모한다.

요한 웨슬리가 선포하였듯이 "온 세상이 '그들'의 교구다."

2010년 BETEL 리더들은 향후 10년간 18개 새로운 나라
에 BETEL을 세울 것을 믿음으로 선포했다.

그들은 제정신이 아닌가?

아니면 단지 C. T. 스터드의 발자취를 따르는 것뿐인가?

스터드도 1913년 레반트에서 멀지 않은 마르세유 항구
에서 콩고로 떠나기 전 그의 아내 프리실라에게 편지를 보
냈다.

"이번 콩고로의 여행이 콩고와 아프리카만을 위한 것이

아닌 것이라고 믿소. 이것은 전 세계 미전도 세계를 위한 것이오."

일곱째, 복음이 개개인뿐 아니라 전 가정을 회복시키는 것을 믿는다.

지금까지 BETEL은 대부분 유럽에서 교회 개척하는 데 성공했다. 어떻게 그 냉소성과 적개심 많은 세속적이고 물질주의적인 유럽 대상들을 정복해 내었을까? 그들은 회심한 중독자와 그의 가정과의 관계 속에서 열쇠를 발견했다.

중독자가 된 아들이나 딸을 변화시키면 그의 부모와 형제자매를 변화시킬 수 있는 가능성이 열린다. 스페인 산블라스의 BETEL 첫 교회도 대부분 어머니들과 그 자녀들이 많았다.

초기에 어머니들은 엘리엇을 비롯한 선교사들이 자신들의 아들들을 재활시켜주었기 때문에 교회 모임을 찾았다. 이 어머니들이 중독자 아들들보다 먼저 회심했다. 아들들과 형제자매들도 돌아왔다. 이후 다른 먼 친척까지 복음이 전해졌다.

폴이라는 사람이 있었다. 그가 영국 버밍햄 BETEL에 도착했을 때 그의 나이 34살이었다. 그 당시 폴의 친구들 40여 명이 헤로인 과다 투여로 죽은 상태였다.

그의 삶은 감옥에 있을 때 말고는 항상 바늘이 닐브러진 폐허가 된 집에서 쓰레기통을 뒤지며 먹고살았다. 그는 수년 동안 부모와 대화를 하지 않았다. 20대 중반에 의사는 그에게 진통제와 정부 복지로 평생 살 수 있을 것이라 했다.

어느 누구도 그가 마약으로부터 자유로울 수 있다고 말해주지 않았다.

BETEL에서 폴은 처음으로 그 자유를 들었고 만났다. 현재 폴은 아내와 가정을 가진 BETEL의 목사다. 그의 변화된 인생과 회복된 가정은 수많은 다른 깨진 인생들과 가정들을 변화시키고 있다.

여덟째, 예수 그리스도께서 어제나 오늘이나 영원토록 동일하심을 믿는다(히 13:8).

성령께서 예수 그리스도를 믿는 자 안에서 인격적으로 역사하심을 믿는다. 그들은 예수께서 이 땅에서 하신 사역들과, 또 그 제자들이 사도행전 기록대로 한 것들이 사실이며 지금도 가능하다는 것을 믿는다.

하루는 마드리드 교회의 어머니들이 엘리엇 테퍼에게 다가와서 물었다.

"우리는 어떤 기독교인인가요?"

그들 대부분이 거듭났고 수년 전 BETEL에서 세례를 받았지만 아직도 기독교의 어떤 '부류'에 속했는지 알지 못했다.

몇몇에게는 이렇게 기독교인이 되고 한참이 지날 때까지 이런 초보적인 질문을 하는 것이 부정적으로 보여질 것이다. 하지만 사실 엘리엇은 의도적으로 스스로를 어떤 특정 부류로 브랜드화시키는 것을 꺼렸다. 민감한 스페인 가톨릭 신도들을 자극하지 않기 위해서이다.

그래서 엘리엇은 그 물음에 단지 '기독교적인 기독교인들'이라고 대답했다. 전 성도의 신비적 교회와의 관계에 있어서는 가톨릭이고, 믿음으로 구원의 은혜에 이르는 것과 말씀의 진리에 대한 전적 신뢰에 대하여는 개혁인이고, 대지상명령에 대한 헌신에 있어서는 복음주의고, 성령의 모든 은사를 사모하고 표현하려 하는 면에서는 오순절주의다.

가능한 한 BETEL은 분류 딱지들을 피하려 하지만, 오순절 은사주의적 뿌리에 대해서 부끄러워하지 않으며 오늘날도 교회의 사도적 시대에 성령의 은사들이 나타나는 것을 믿고 가르친다.

그들은 치유하심도 복음의 일부분이라고 믿는다. 기적을 믿는다. 매일 기적과 치유하심을 보지는 못한다. 정기적으로 보는 것도 아니다. 하지만 그들은 하나님께서 치유하시고 구원하시고 사역의 중요한 순간들에 기적을 행하시는 것을 보았다. 그러한 순간들과 초자연적 사건들이 복음을 입증시켰다.

산블라스에서 사역 초창기에는 BETEL에서의 회심자가 많지 않았다. 어머니들과 아버지들은 단지 자식들이 중독에서 벗어나기를 기대하는 마음으로 그들을 찾았다. 동기는 단순했다. 도움을 필요로 했고 그들은 BETEL이 어떤 초자연적인 사회단체이며 무료라는 것에 끌려 찾아왔다. 하지만 오랫동안 그들과 그 자녀들은 그리스도의 인격적으로 변화시키시는 능력을 접하지 못했다.

그러다가 갑자기 상황이 바뀌었다.

어느 일요일, 암 수술이 예정되어 있던 사람을 위해 기도를 했는데 하나님께서 그의 암을 기적적으로 치유해주신 것이다. 병원에 간 그녀를 의사들은 수술 없이 집으로 돌려보냈다. 암이 사라진 것이다. 그 일이 있은 뒤로 동네에서는 BETEL과 복음에 대한 태도가 달라졌다. 의심의 눈초리로 차가운 시선을 보내던 사람들이 BETEL 모임에서 그리스도를 찾기 시작했다.

　그 후로도 오랫동안 어머니들과 자녀들만 모임에서 구원
받았다. 스페인의 노동층 남자들은 반종교적이고 복음에 거
부감을 나타내기로 유명하다. 하지만 이 불신의 벽도 허물
어졌다. BETEL에서는 성령의 임재하심에 흥분하기도 하고
동시에 평안을 찾기도 하고, 또 놀라기도 하며 위로를 얻기
도 한다. BETEL은 하나님께서 역사하시는 기적을 믿는다.

아홉째, BETEL은 일한다. 그리고 BETEL은 무료다.

　BETEL은 여러 수익창출 활동들로 전 세계적 네트워크
를 통해 완전히 무료의 프로그램을 필요한 사람들에게 제
공한다. 그들은 일해야만 하고 일을 하고 싶어 한다. 세계
에 퍼져있는 거대한 공동체를 지원하기 위해 필요한 자원
을 위해서 일한다.

　BETEL은 공동체에 살고, 프로그램에 참여하는 어떤 이
로부터도 돈을 요구하지 않는다. 어느 나라와 지역에서는
정부에서 범죄자들을 수용하는 것에 대한 주택지원이나 기
타 지원을 받기도 한다. 하지만 이는 극히 드물다. 그들은
전적으로 하나님과 자신들의 노력에 의지한다.

BETEL은 무료다. 하지만 건강하고 일할 수 있는 멤버들은 공동체의 일부분으로서 공동체의 책무에 참여해야 한다. 음식을 준비하고 집을 청소하고 재산을 관리하고 또 새로운 멤버들을 보살펴준다.

그리고 몇몇은 노동팀에 합류하여 밖에서 수익사업에 동참한다. 중고가게 운영, BETEL 차와 트럭 운전, 철물 수집, 닭, 돼지 농장 등. 그리고 또 몇몇은 페인팅, 미장이, 전기공, 배관공, 가드닝 등의 건설 일을 한다. 수리공 가게, 커피숍, 기독교 서점, 식당 등을 운영해 이익창출사업을 운영한다.

모든 수익은 BETEL 공동체 운영에 쓰인다. 어느 누구도 월급을 받지 않는다. 나라마다 조금씩 다르지만 대체적으로 BETEL 운영비의 90~95%는 수익사업에서 충당된다. 여전히 5~10%의 지출액은 수백만 달러의 기부금과 헌금으로 충당된다. BETEL에는 수백 개의 크고 작은 거주용 집들과 가게. 그리고 교회건물 등이 있다. 수천 명의 인원들이 무료 공동체에 속하여 살고, 예배하며 일하고 있다.

한번은 다른 어떤 기독교 기관의 형제가 엘리엇에게 찾아와 이런 말을 했다.

"BETEL은 믿음이 없어요. BETEL은 일하잖아요."

엘리엇은 그에게 이렇게 답했다.

"어떤 것이 더 큰 믿음을 요구합니까? 하나님께서 우리 우편함에 사시면서 항상 자원을 공급해주시는 것을 믿는 것, 아니면 마약 중독자, 창녀, 도둑들이 사업을 충성스럽게 경영하고 많은 재정을 담당하면서도 훔치지 않을 것을 믿는 것. 이 둘 중에요. 당신은 아마 하나님께서 돈을 공급하실 것이라고 믿지요? 저희는 하나님께서 우리 BETEL 같은 가난한 사람들이 돈을 벌 수 있게 해 주실 것을 믿습니다."

돈을 넘어서, 노동은 치료다.

노동은 인격을 만들고 사람들로 하여금 긍지를 가지고 스스로를 세울 수 있도록 한다. BETEL에서 사람들에게 일을 줄 때 그들은 BETEL 밖에서도 일을 하고 직장을 얻고 가정을 감당할 수 있는 능력을 키워준다.

열째, BETEL은 누군가에게는 소명이고, 또 다른 누군가에게는 쉼터요 치유하는 곳이다.

BETEL은 어떤 종파가 아니다. 어떤 약하고 장애가 있는 사람들이 와서 세상으로부터 숨는 장소도 아니다.

이에 관해 통계가 잘 말해준다.

1985년 이후 140,000명 이상의 사람들이 BETEL 공동체를 거쳐 갔다. 현재 공동체 인원은 2,000명이 넘는다.

BETEL은 새로운 중독자들이 12개월에서 18개월 정도를 함께 생활하기를 권장한다. 많은 사람들이 며칠이나 몇 달만 있다가 프로그램을 떠나기도 한다. 하지만 수만 명의 사람들이 BETEL을 성공적으로 졸업하고 가정으로 돌아가 원하는 교회로 가입한다.

BETEL은 종파가 아니라 그들의 사역으로 부르심을 받은 사람들을 걸러내고 또 많은 사람들을 BETEL 밖에서 하나님의 뜻을 이루며 살아가도록 돕고 있다. 어떤 의미에선 BETEL이 출애굽의 엘림과 같기도 하다. 하나님과 그의 약속하신 땅으로 가는 피로한 순례자들이 잠시 쉬어가는 우물과 종려나무들이 있는 곳을 말하는 것이다.

산블라스에서 처음 BETEL 교회건물을 세웠을 때, 입구에 이 구절을 기록해 두었다.

여호와께서 과연 여기 계시거늘 내가 알지 못하였도다
이곳이여 이것은 다름 아닌 하나님의 집이요

이는 하늘의 문이로다

(창세기 28:16~17)

야곱은 이곳의 이름을 BETEL이라고 지었다. 사기꾼 야곱은 여행 중이었다. 그는 피곤했고 잠시 쉬기 위해 멈추었을 때였다. 그가 쉬고 있을 때 더욱 큰 쉼으로 가는 하늘 문이 열리고 큰 부르심이 들렸다.

나는 여호와니 너의 조부 아브라함의 하나님이요
이삭의 하나님이라 네가 누워있는 땅을 내가
너와 네 자손에게 주리니 네 자손이 땅의 티끌 같이 되어
네가 서쪽과 동쪽과 북쪽과 남쪽으로 퍼져 나갈지며
땅의 모든 족속이 너와 네 자손으로 말미암아 복을 받으리라

(창세기 28:13~14)

BETEL에 들어오는 모든 사람들은 쉼을 취하고 다시 길을 떠날 수 있다. 몇몇은 하늘로 눈을 돌리고 아브라함의 축복과 부르심을 받은 사람도 있다. 온 세계 가정들의 축복이 되는 부르심을. BETEL인들이 품은 것이 바로 이 부르심이다.

BETEL의 가장 큰 특성은 그리스도를 닮은 BETEL인들이다. 진정 자유한 사람들로서, 하나님께서 자신들의 헌신을 받으시고 자신에게 영원히 인 찍으시기를 기도한다.

우리가 다 수건을 벗은 얼굴로

거울을 보는 것 같이

주의 영광을 보매 그와 같은 형상으로 변화하여

영광에서 영광에 이르니

곧 주의 영으로 말미암음이니라

(고린도후서 3:18)

미국 가정이나 한국 가정에서 정신과 환자들을 대하는 태도는 거의 비슷하다. 환자가 병원에서 완치되어 가족의 품으로 돌아오면, 보통 3개월이나 6개월 정도 되면 다시 병원에 돌아오는 경우가 많다.

가족 구성원들이 돌아온 환자와 다른 정상적인 식구들과 자주 비교하기 때문이다. 돈을 벌어야 한다든지, 집안일을 해야 한다든지, 그 압박감이 상당하다. 그때 아직은 불완전한 환자들이 설 땅이 없어진다.

약물 중독으로 고생하는 부모 또는 자녀가 있는 경우에 이 식구들은 똑같이 병을 앓게 된다. 개인적인 질병뿐 아니라 가족적인 질병이 되어 버리는데, 더 나아가서는 사회적인 병이 되고, 사회적인 병은 국가적인 병이 된다. 그래서 우리 가족은 괜찮다고 안심할 수 있겠지만 계속 사회가 병들어가게 되면 자연스럽게 영향을 받게 된다.

그러므로 중독의 문제는 전체의 문제다. 국가는 중독자들을 향한 정책과 중독된 가족들을 위한 보다 장기적인 치유의 길을 만들어야 하고, 교회는 약자를 향했던 예수님의 가르침에 따라 중독되고 소외된 사람들을 향해 더 나아가야 한다.

복음은 이러한 자들에게는 직접적인 기적을 보여준다. 오늘날 우리는 기적을 잃어버리고 살아가는데 우리가 기적의 현장에서 멀어져 있기 때문임을 인정할 필요가 있다.

지금은 아니라고 할지 모르지만 우리는 모두 중독자들과 같은 삶을 살아간다. 오늘 우리가 중독에 관심을 갖게 되는 것은 나와 나의 가족을 위한 사랑이고 배려다.

중독의 모체

Chapter 3

중독의 모체

심리학에서 본 중독

'경계성 인간'이라는 심리학적으로 쓰이는 용어가 있다.

경계성 인간의 근본적인 문제는 '애정과 관심 결핍'인데 감정 조절을 잘 못한다는 데 있다. 어린 시절 부모에게 충분히 사랑받지 못하고 훈육 없이 무관심에 방치되거나 버림받은 경험 혹은 과잉보호를 받은 경험 때문에 공감능력을 상실하고 분노나 슬픔 같은 생존에 필요한 기본 감정을 조절하는 능력이 발달하지 못한 것이다.

자신의 욕구가 채워지지 않으면 분노하고, 성적으로 만

족 못할 때도 분노하고, 사랑받지 못해도 분노한다. 결핍으로 인한 감정이 폭력이나 성, 알코올, 쇼핑중독이나 일 중독으로 나타나는 경향이 많다.

목회 현장에서 본 중독: 가정의 중요성

대학생 시절 〈기독교 가정교육〉 수업을 재미있게 들었던 기억이 있다. 교수는 아이가 태속에서부터 부모에게 영향을 받는다고 하였다. 어머니가 스트레스를 많이 받으면 태아도 스트레스를 많이 받게 되고, 심각할 경우 태아가 신체적 장애나 정신적 장애를 갖고 태어날 확률이 높다고 말했다.

목회하면서 경험하고 알게 된 것이 있다.

중독은 가정에서 시작된다. 더 깊이 들어가면 어머니의 태에서부터 시작된다. 중독은 약만으로 치료되지 않는다. 건강한 가정 공동체 혹 교회 공동체가 함께 해야 한다.

특히 가정은 하나님이 우리에게 주신 최초의 공동체다.

가정은 하나님의 성품대로 만들어진 우리가 하나님 나라를 경험하는 에덴 같은 곳이다. 가정에서 자녀는 최초의 남자, 여자인 부모를 만난다. 그 안에서 긍정적인 것이든 부정적인 것이든 무조건 배운다. 가정에서 부모에게 무조건적인 사랑과 신뢰 그리고 소통과 희망을 경험한다.

그런데 부모가 싸우는 모습을 많이 보고 자란 경우 아이들은 누가 자신의 편인지 항상 고민한다. 가정폭력 아래 성장하는 자녀는 어떤 사람이 자신을 사랑하고, 자신에게 중요한 사람인지 혼란스러워한다. 누구 말을 들어야 할지 항상 고민한다. 상대방이 자신의 모든 것을 줘도 그 사람을 믿지 못하고 사기꾼을 쫓아간다. 부모가 자신을 떠났거나 자신을 이용했다고 생각하는 그 순간부터 아무도 믿지 못한다. 부모의 싸움은 자녀에게 항상 충격적이고 자극적인 상황이다. 아이는 성장해서 정서적으로 불안하고, 평안함 가운데 놓이면 오히려 무기력해하든지 상당히 힘들어한다.

자극적인 것을 쫓고 결핍을 무엇인가로 채우려 하고 문제를 일으켜 관심받는 것을 자신도 모르게 즐긴다. 주기적으로 혼나지 않으면 정서적으로 불안해하기도 한다.

아버지의 상(像)

내 부모는 부부가 함께하는 모습을 보여주신 적이 거의 없다. 아버지는 결혼하고 바로 돈을 벌기 위해 해외근로자로 나가시고, 국내에 들어오셔서도 돈 벌러 간다고 하시며 집에서 함께 하신 기억이 거의 없다.

중학교 때 '나는 어떤 남자가 되어야 할까?' 고민을 많이 했었다. 아버지의 상이 없다 보니 어떤 남자가 되어야 할까를 더 많이 고민했던 것 같다. 우연히 동네 만화방을 갔다가 일본 만화 『어이! 료마』의 해적판 『용마가 간다』라는 만화를 보고 그 남성성에 반해서 '이 만화 주인공 같은 남자가 되어야겠다'라고 생각했던 기억이 있다.

우리는 문제가 생기면 항상 바로 앞에 놓인 상황에 반응한다고 생각한다. 지금 내가 어떤 사람이 싫으면 그 사람의 특정한 모습과 말 때문에 싫다고 생각한다. 그러나 전혀 그렇지 않다.

모든 사람은 세상에 태어나서 환경과 성장 과정을 통해 세상을 살아가게 된다. 자신이 먹고 마시며 만나고 믿고 보고 경험한 대로 행동하고 살아간다. 사람마다 자연을 보는

관점, 사람을 보는 관점, 사물을 보는 관점이 다르고 음식에
대한 평가도 다르다.

과거의 경험이 현재를 지배한다. 과거의 경험이 현재를
사는 나의 생각과 감정, 행동을 컨트롤하고 있는 것이다. 많
은 사람이 주님을 믿는다고 하지만, 다른 삶을 사는 것은 복
음을 받아들이는 관점이 다르기 때문이다. 다 믿는다고 하
는데 여전히 죄를 짓고 사는 이유는 아직 믿지 못하기 때문
이다.

우리는 최초의 공동체인 가정에서 신뢰를 처음 경험한
다. 어린 자녀가 어떤 행동을 해도 포기하지 않고 훈육하며
양육하는 부모를 통해 무조건적인 사랑을 경험한다.

목회 경험상 가정에서 신뢰를 경험하지 못하면 사람을
믿지 못한다. 또한 믿어본 경험이 없기 때문에 믿는 것이 무
엇인지 모른다. 보이는 사람도 믿어본 적이 없는데 보이지
않는 하나님을 믿는다는 것은 사기에 가깝다.

그래서 예수님을 믿는다는 것이 얼마나 어려운 일인지,
변화 없이 교회를 오래 다니며 종교생활을 한 사람들은 모
른다. 진실로 예수님을 믿으면 얼마나 자유한지 전혀 경험
해 보지 못한 채 예수를 가르친다.

중독의 시작

중독의 시작은 하나님을 믿지 않고 기준 없이 세워진 가정에서 시작된다. 더 정확하게는 하나님의 말씀대로 살지 않는 타락한 부모에게서 시작한다.

가정에서 믿음, 소망, 사랑의 결핍이 결국 성 중독이나 일 중독, 폭력이나 알코올 중독으로 이어진다. 타인에게 들키지 않았지만 자신과 가정 가운데 은밀하게 행하고 있는 중독 증세들이 많이 있다.

7년 동안 가정에서 고통받는 아내들 그리고 자녀들과 함께하면서 가정의 권위자인 아버지에게 문제가 생기면 가정은 심각한 문제에 봉착함을 목격했다. 그리스도인들이 가장 중요하게 기억해야 할 것은 아버지가 무너지면 그들이 교회는 다니고 있으나 하나님을 알지 못하고 믿지 못하는 것이다.

그 가정 가운데는 질서가 없고 그들은 하나님의 말씀대로 살지 않았다. 『사역 고민이 뭐니?』에서도 언급했지만 정신분석에서 아버지는 보호 기능과 훈육 기능을 갖고 있고, 어머니는 양육 기능을 갖고 있다.

보통 자녀들은 아버지의 명령에 순복한다. 이 부분에서 여성분들이 따질 때가 많다. "우리 아들은 내 말을 잘 듣는데 무슨 말이냐?" 엄마를 돌보면서 자란 자녀들은 엄마와 소통이 잘되고 엄마와 친구인 것 같다. 그러나 그 심리를 분석해보면 엄마는 불쌍한 사람이고, 자신이 돌보는 사람으로 인식한다. 그래서 여자인 어머니를 동등한 위치가 아닌 자신보다 아래로 보는 경향이 많다.

이런 친구들은 여자에게 권위적일 수 있기 때문에 어머니와의 사이에선 큰 문제가 없어 보이지만 결혼 생활에서 많은 문제가 드러나기도 한다.

알코올 중독의 시발점: 부모에게 학습

〈움직이는 교회〉 담임 일 때였다. 청년들을 데리고 알코올 중독자들이 모여서 생활하고 있는 〈세계십자가선교회〉에 크리스마스 공연을 하러 간 적이 있다. 그곳에서 1박 2일을 지내며 알코올 중독에서 회복된 사람들과 이야기를 나눴다.

그 분들은 세상으로 나가는 것을 두려워하고 있었다. 치료되고 회복된 줄 알고 사회로 나갔었다. 그러나 몇 달 또는 몇 년 되지 않아 또 술을 마시고 망가졌다. 가족들과 주위 사람들을 고통스럽게 하고 다시 치료공동체에 들어오기를 여러 차례 반복했었다. 그들은 다시 세상으로 나가는 것을 두려워하고 있었다.

아래는 〈세계십자가선교회〉에서 치료 중인 알코올 중독자 중 자신이 왜 그렇게 되었는지 고백한 '분노의 편지' 중 일부이다.

"아버지 당신은 지금 돌아가셨지만 저에게 남기고 간 아픔은 저의 마음속에 아직도 원망으로 자리 잡혀있습니다.

아버지는 걸핏하면 술을 마시고 톱이나 망치 아니면 흉기를 들고 어머니를 때리고 욕하면서 어머니를 하루도 맘 편하게 내버려 두지 않고 괴롭혔습니다. 분이 풀리지 않으시면 나와 동생을 무릎 꿇게 만들고 손들게 하면서 잔소리를 해대던 아버지가 밉기만 합니다.

심지어는 마구잡이로 몽둥이로 때리던 아버지가 싫었습니다. 사흘이 멀다 하고 술을 마시고 어머니와 나를 괴롭히던 당신을 보면서 나의 마음속엔 큰 분노가 자리 잡아 이 세상을 화난 마음으로 살아야만 했습니다.

어머니도 아버지를 향한 분이 풀리지 않아서 우울증으

로 인해 술을 배우게 되었습니다. 결국 어머니도 저를 학대하며 몽둥이로 머리를 때려서 피 터지게 했던 아픔이 잊히질 않습니다. 저는 아버지처럼 살지 않겠노라고 다짐하면서 살았건만 저 또한 사춘기를 넘기면서 술과 담배를 배우고 피우면서 우울증을 안고 살게 됐습니다.

그 뒤로 저 또한 아버지의 모습을 그대로 닮고 말았습니다. 아니 더 악독하고 추악한 모습으로 변하여져서 벌레만도 못한 삶을 살았습니다. 아버지, 어머니 왜 날 그토록 미워하시고 구박하면서 사랑 한 번도 주지 못하셨나요. 왜 날 이해해주지 않으시고 내 말 한마디도 들어주지 않으시면서 왜 맨날 큰소리만 치셨나요?"

이렇게 술 중독은 자신만이 아니라 가족 전체를 불행하게 만든다.

사단의 목표

가정 사역을 하면서 분명히 본 것은 사단은 목표가 확실하다는 사실이다. 가정의 권위자인 아버지가 목표였다. 아버지들이 하나님을 경외하지 않고 가정을 말씀대로 돌보지 않았을 때 가정은 무너지고 자녀들은 하나님을 믿지 못했다. 머리가 좋아 지식적으로 말씀을 많이 알 수는 있으나 하나님을 믿지는 못했다. 가정에 상처가 많은 친구들은 자신이 누구의 말을 들어야 하는지 굉장히 혼란스러워했다. 교회를 다니고 수많은 훈련을 받았는데도 하나님과 세상에서 갈팡질팡했다.

왜 혼란스러워할까? 믿지 않기 때문이다.

믿어본 경험이 없기 때문이다. 복음은 실제인데 그들은 경험하지 못했다. 믿는 게 뭔지 모른다.

이 글을 읽는 사람들은 분명히 알고 있을 것이다.

본인이 신앙고백을 하고 세례 받고 예수님을 따르겠다고 감격의 눈물을 흘리고도 사기 치고 있다는 것을! 죄를 사랑하고 있다는 것을! 하나님을 사랑한다고 말하지만 사실 세상을 더 사랑하고 있음을 말이다! 만약 믿는다면 영혼구원을 위해서 그렇게 인색할 수 있을까? 하나님이 원하는 것을 할 때 그분을 믿는 것이다.

부모가 삶과 신앙이 분리되어 있는지 어떻게 알 수 있는가? 자녀를 보면 알 수 있다. 사춘기라 어두운 것이 아니다. 그건 세상이 하는 이야기이고 삶과 신앙이 분리되어 사기

치며 살아가는 부모 때문에 아이들이 어두운 것이다.

하나님을 믿는다면 가정과 사회에서 이중인격자로 살 수 있겠는가? 하나님을 믿지 못한다는 것은 결국 세상을 사랑하게 되고 하나님이 아닌 우상을 섬기게 된다. 이 끝에는 중독이 있다. 하나님을 멀리 떠난 죄의 문제는 중독으로 빠지고, 그 끝은 사망이다.

문제 해결의 원점: 가정

하나님이 주인 되심을 고백하며 살아야 하는 에덴에서 아담은 하나님의 말씀에 불순종해 선악과를 먹었다. 자신의 주인이 하나님이 아니라 자신이라고 선포하는 행위였다. 아담이 하나님과 함께 했던 에덴은 하나님의 복이 충만하고 하나님의 보호를 받는 곳이었다.

그러나 죄로 인해 복이 상실되고 고통이 가득한 땅으로 쫓겨나게 되었다. 그 땅은 원수가 지배하고 하나님의 말씀대로 살기 힘든, 질서가 깨어져 있는 땅이었다.

시기와 질투, 살인과 고통이 가득한 땅에서 하나님께서 하와에게 주신 말씀이다.

또 여자에게 이르시되

내가 네게 임신하는 고통을 크게 더하리니

네가 수고하고 자식을 낳을 것이며

너는 남편을 원하고 남편은 너를 다스릴 것이니라 하시고

(창세기 3:16)

남편이 아내를 다스리라는 말씀은 단순히 남편이 상위에 있는 군림자라는 의미가 아니다. 아내를 섬기고, 이끌어 온전한 가정을 세우라는 하나님의 말씀이었다.

또 에베소서 5장을 통해 바울이 남편들에게 말한다.

25 남편들아 아내 사랑하기를 그리스도께서 교회를 사랑하시고 그 교회를 위하여 자신을 주심 같이 하라

26 이는 곧 물로 씻어 말씀으로 깨끗하게 하사 거룩하게 하시고

27 자기 앞에 영광스러운 교회로 세우사 티나 주름 잡힌 것이나 이런 것들이 없이 거룩하고 흠이 없게 하려 하심이라

28 이와 같이 남편들도 자기 아내 사랑하기를 자기 자신과 같이 할지니 자기 아내를 사랑하는 자는 자기를 사랑하는 것이라

(에베소서 5:25~28)

가정은 능력에 따라 대우받는 곳이 아니라 하나님의 질서가 이루어지는 곳이다. 아내가 남편의 다스림을 받고, 남편이 하나님을 경외함으로 아내를 사랑하고 존중할 때 가정이 건강하게 세워진다. 그렇기 때문에 우리는 가정에 문제가 생겼을 때 "으이그~ 저 원수하고는 못살아!"라고 이혼하는 것이 아니라 원점으로 돌아와야 한다. 원점은 어디인가? 하나님의 얼굴 책인 성경이다.

복음은 문제를 해결한다. 많은 가정의 문제들 속에는 어긋난 구조가 있다. 상담을 통해 그 구조를 보고 이해하고, 이해했지만 치료되지 않는 감정의 문제들은 과거 죄의 습관들을 버리고 경건 훈련으로 치료해야 한다.

본질적인 죄

죄는 어디서 시작되는가?
조상에게서부터 내려오는 죄 그리고 하나님 없이 세상을 살면서 자신이 지은 많은 죄들 그중 가장 본질적인 죄는 하나님을 믿지 않은 죄이다.

죄에 대하여라 함은 그들이 나를 믿지 아니함이요
(요한복음 16:9)

결국 하나님을 떠난 자들이 죄의 종이 되어 고통받는다. 다르게 이야기하면 하나님이 당신을 사랑하셔서 부르고 계시다.

아직도 자신이 교회를 다니기 때문에 하나님을 믿고 사랑한다고 믿는 사람들이 있다. 아내가 있는데 밖에서 다른 여자를 만나고 있으면 자신의 아내를 믿고 사랑하는 것일까?

하나님을 믿는다면서 죄 짓고 다니면 하나님을 믿고 사랑하는 것일까? 한 번도 제대로 믿고 사랑한 적 없고, 사랑이 뭔지도 모르면서 "주님 믿었는데 저한테 왜 이러세요?"라고 하면 주님은 정말 당황스러우실 것이다.

아담의 원죄 이후에 하나님은 아브라함과 언약을 맺으셨다. 모세와 이스라엘 백성들과도 언약을 맺으셨다. 이방민족들이 지배하던 땅에서 우상을 제거하라고 하셨다. 하나님을 주인으로 섬기고, 말씀에 순종하라고 하셨다. 그러면 땅을 주신다고 약속하셨다.

하나님은 죄인을 회복시키셔서 하나님의 자녀로 그 땅에

서 평안함을 누리며 살게 하시기를 원하셨다. 안타깝게도 언약 백성의 삶은 결국 하나님을 믿지 아니함으로 깨어졌다. 그럴 때마다 이방 민족들이 일어나서 이스라엘을 유린하고 노예 삼았다.

예수님을 목자장 되신 분이라고 한다. 목자는 밤낮으로 양의 문을 지키기 때문에 사나운 짐승이나 사나운 칼이 양들이 있는 곳으로 들어가지 못한다. 그럴 때 양들은 목자의 보호 가운데 머물면서 양식을 먹고, 평안함을 누리며 살게 된다. 그런 주님과 우리가 동행하기 때문에 어려움 속에서도 평안할 수 있다.

죄로 인해 양의 문이 열리면 사나운 짐승이 들어가서 맘껏 유린하고 초토화를 시켜버린다. 그리고 고통과 슬픔, 가난과 질병의 노예가 되어버린다.

사탄은 하나님의 자녀들을 자녀로 살지 못하게 해서 권리를 누리지 못하게 한다. 파멸에 이르게 한다. 하나님을 믿지 못하게 하는 방법은 기준을 제시하는 권위자들을 무너뜨리는 것이다.

가정에서 권위자는 아버지이고, 세상에선 위정자들과 교

회의 리더들인데 사탄은 이런 권위를 부정적으로 만들고 있다. 결국 포스트모더니즘 시대인 21세기 오늘날 권위가 사라지면서 가정이나 사회에 대혼란이 오도록 하고 있다.

성 중독: 자위로 받는 자기애

시골에서 성장한 지애의 아버지는 알코올 중독에 난봉꾼이었다. 가족이 있는데도 계속 여자를 바꿔가며 집으로 데려왔다. 심지어 집에 아내와 딸이 있는데도 다른 여자와 성관계를 가졌다.

지애는 그런 집을 하루빨리 떠나고 싶었다. 지애에게 가정은 혼돈의 지옥이었다. 집을 떠날 수 있는 유일한 방법은 공부밖에 없었다. 그래서 누구보다 열심히 공부했다. 그리고 드디어 시내에 있는 고등학교로 진학하며 집을 탈출했다.

하지만 지애는 항상 외롭고 사랑받지 못했다. 결국, 자신을 소중한 존재로 여기지 못했다. 사랑받고 싶은 욕구를 채우기 위해 자위를 많이 했다. 자위는 사랑받고 싶은 욕구를 해소할 수 있는 가장 편리하고 강력한 방법이었다.

고등학교를 졸업하고 명문대에 진학한 지애는 남자들과

사귀고 헤어지기를 반복했다. 해외에서 유학을 하던 시절에도 많은 외국인 남성과 관계를 가졌다. 그 당시 성 중독이었다고 고백했다.

그러다가 교회를 다니게 되면서 은혜를 받고 교회 교역자와 결혼까지 했다. 그렇게 한동안은 행복하게 지내는 듯했다. 하지만 결혼생활은 경제적으로 넉넉하지 않았고, 성적인 만족도 채워지지 않았다. 결국 지애는 집을 떠났다.

하나님의 자녀들은 마귀에게 틈을 보이면 안 된다. 거룩하고 정결해져야 한다. 자신의 아내를 다스리고 아내로 만족하기 위해서 지금 감춰둔 폴더를 삭제하기 바란다. 믿음으로 현재를 살아야 한다. 과거의 좋았던 믿음은 필요 없다. 지금 회개하고 새로운 삶을 살아야 한다.

기준이 무너지니까 그동안은 부끄러워했던 죄들이 죄가 아닌 것으로 둔갑한다. 가톨릭에선 자위도 죄라고 가르치는데, 요즘 교회에서는 야동 좀 보는 것은 그럴 수도 있다는 인식이 많다. 이쯤 되면 야동은 마귀가 만든 수많은 죄의 덫 중에서 가히 성공작이 아닌가?

야동을 많이 보면서 교회에서 여성을 자매 대하듯이 볼 수 있겠는가? 목회자들은 자유로운가? 야동 때문에 얼마나

많은 범죄가 일어나는가? 불법 촬영인 일명 '몰카'에 찍히게
된 여성들은 자살을 시도하기도 한다. 그런 영상물을 보고,
즐기며 자위하는 것을 주님이 기뻐하실까?

중독의 치유 시점

중독은 하나님이 기준이 되고 하나님을 믿을 때 치유된
다. 성 중독이 치유된 김석재 집사의 이야기다. 김 집사의
부모는 돈 벌기에만 바빴다. 어머니의 불륜, 아버지의 가정
폭력은 결국 이혼으로 이어졌고, 김 집사는 외조부모 손에
컸다. 어린 손자가 안쓰럽기만 했던 노부부는 제대로 된 훈
육을 하지 못했다.

그렇게 어린 김 집사는 밥 먹고 비디오 게임하고 아무 통
제를 받지 않고 자랐다. 초등학교 1학년 때 포르노를 처음
경험했는데 몹시 흥분되었다. 여자를 보면 계속 음란한 상
상이 일어났다. 초등학교 3학년 때 여자와 첫 경험을 하였
다. 그때부터 야동과 자위는 소울메이트처럼 따라다녔다.
고등학교 때부터 동거를 시작했으나 오래가지 못했다.

자신을 버리고 간 어머니에 대한 원망 때문인지 여자 친
구와 잠자리를 갖고 나면 의심하고 폭력을 사용했다. 그렇

게 여자 친구는 떠났다.

고등학교 때 망가진 삶을 보고 혼내시는 할아버지와 뒹굴며 싸웠다. 그때 이후로 누군가 자신을 가르치려고 하면 화가 나고 깊은 불신이 생겼다. 그렇게 자신의 인생은 막장으로 가고 있었다.

김 집사는 당시 교회를 다니고 있었지만 하나님이 믿어지지 않고 자신의 삶에 아무런 영향을 끼치지 못한다고 생각했다. 목사들을 보면 그냥 화가 났다. 도움을 주려는 목사가 있었지만 신뢰하지 못했다.

청소년 시절이 지나고 청년이 되어 장사를 시작했는데 돈을 많이 벌게 되었다. 어릴 때부터 자신의 꿈은 부부가 손잡고 교회 가서 예배드리는 행복한 가정을 꾸리는 것이었다. 다시 교회를 나가서 헌금도 많이 하고 봉사도 했더니 믿음 좋다고 소문이 나서 장로님 딸과 결혼했다.

결혼 이후에도 김 집사는 계속 야동을 보고 아내를 실망시키는 일들을 많이 하게 되었다. 집에 들어와서 TV 보는 게 유일한 쉼이라 여겼는데 아내가 TV를 못 보게 했다. 처음엔 아내가 원하는 대로 해주었으나 언제부터인가 아내에게 괜히 짜증이 났고 복수하고 싶었다.

성관계를 할 때 야동에서 봤던 대로 따라 했다. 아내를 괴롭혔고, 아내는 당황스러워했다. 아내와 있는 것이 답답하다고 느낀 순간부터 집에 늦게 들어갔다. 술을 마시고, 도박에 외도까지 하던 그는 급기야 아내에게 폭력을 행사하기 시작했다. 아내는 가정을 지키기 위해 노력했지만 아내를 때린 이후에 성관계를 하고 얼굴에 침을 뱉고 욕을 했다. 그런 상황에서 나와 만나게 되었다.

바울은 갈라디아서에서 이렇게 말한다.

육체의 일은 분명하니
곧 음행과 더러운 것과 호색과
우상 숭배와 주술과 원수 맺는 것과
분쟁과 시기와 분냄과 당 짓는 것과 분열함과
이단과 투기와 술 취함과 방탕함과 또 그와 같은 것들이라
전에 너희에게 경계한 것 같이 경계하노니
이런 일을 하는 자들은
하나님의 나라를 유업으로 받지 못할 것이요
(갈라디아서 5:19~21)

앞에서도 이야기했지만 지금 일어나는 일은 그 사람의 영적인 상태를 보여주고 있다. 이런 결과는 과거와 깊은

관련이 있다. 예수를 믿고 교회를 다니면서도 많은 사람들이 아무렇지도 않게 죄를 짓는다.

부부문제는 잘못된 구조에서 시작한다. 부모의 삶을 자녀가 그대로 사는 경우가 많고 어렸을 때 부모와 헤어졌어도 그 집안의 고유기질이 있기 때문에 부모와 상당히 유사한 부부관계를 만들어낸다. 물론 예외도 있다.

김 집사의 경우 성장과정에서 훈육자가 없었다. 자수성가했기 때문에 누구의 말도 듣지 않았고 자유분방하게 죄를 지으며 살았던 김 집사에게 가정은 교도소같이 답답했다. 아쉽게도 문제 상황에서 예전에 익숙한 방법으로 문제를 해결하려고 했다.

일 중독: 죽기 직전까지 돈을 쫓는 삶

한 집사가 상담을 요청했다. 만나서 상담을 해야 하는데 약속을 잡는데 애를 먹었다. 자영업자인데 자신들이 편한 시간에 만나려고 했기 때문이다. 상황을 들어보니 자녀가 오랜 시간 우울증과 공황장애로 심각한 고통을 받고 있는데 본인들의 우선순위는 돈 버는 일이었다. 그리고 자신들의 자녀는 누군가 맡아서 해결해주길 원했다.

교회 집사인 부부는 인생에서 돈 버는 일이 제일 중요했다. 돈을 많이 버는 동안 자녀는 방치되었다. 자녀는 혼자 지내는 시간이 많아 외로웠지만 부모는 돈을 주는 것으로 자신의 할 일을 다 했다고 생각했다. 자녀가 말을 듣지 않으면 이유를 설명하지 않고 무섭게 때렸다. 아버지가 젊고 돈을 많이 벌 때 아버지는 집안에서 가장 강력한 존재였다. 그러나 아이의 마음을 전혀 헤아려 주지 않았다. 폭력과 돈으로 해결했다. 아이는 부모에게 사랑받지 못하고 공감받지 못하며 자랐다.

아이들은 자아가 형성되면서 많은 생각을 하게 된다. 그때 바른 사고의 정립을 위해 기준이 필요하다. 그 기준은 하나님의 말씀이다. 성경적 가치의 기준이 하나님의 자녀들에게 바른 사고를 세울 수 있게 한다.

이 아이에겐 돈을 좇는 부모의 사고와 삶이 다였다. 돈으로 모든 것을 대신하려는 부모의 말과 행동이 보고 들은 것의 전부였다. 불행하게도 부모의 감정이 기준이 되어 자녀를 훈육했다.

아이가 성장하면서 힘을 갖게 되자 의도치 않게 부모에게 당한 것을 갚기 시작했다. 길 가던 사람에게 이유 없이 시비를 걸어 싸우고 부모도 때렸다. 자녀를 방치하고 폭력으로 키우면서 열심히 돈을 벌었던 부부는 자녀의 '묻지 마 폭력' 때문에 합의금으로 재산을 거의 다 날렸다.

치료의 키는 믿음으로

> 그리스도 안에서 일만 스승이 있으되
> 아버지는 많지 아니하니
> 그리스도 예수 안에서 내가 복음으로써 너희를 낳았음이라
> (고린도전서 4:15)

가르치기만 하는 것은 선생이고 함께 뒹구는 것은 아비다. 가르친 대로 사는 것을 보이는 것이 아비다. 하나님 아버지의 마음으로 훈육하고 사랑하는 아비가 되어줘야 문제 있는 자녀가 변한다. 자신을 끝까지 믿어주고 사랑해주는 영적인 아비가 되어주어야 중독에서 빠져나온다.

마가복음 9장 16~29절(현대인의 성경)은 이렇게 말씀한
다.

16 예수님이 그들에게 "너희가 무슨 논쟁을 하고 있느
  냐?" 하고 묻자

17 군중 가운데 한 사람이 이렇게 대답하였다. "선생님,
  벙어리 귀신 들린 제 아들을 데려왔습니다.

18 귀신이 그에게 발작을 일으키면 아무데서나 넘어져 거
  품을 내고 이를 갈면서 온 몸이 빳빳해져 버립니다. 그
  래서 선생님의 제자들에게 데려왔으나 귀신을 쫓아내
  지 못했습니다."

19 그러자 예수님은 "믿음이 없는 세대야, 내가 언제까지
  너희와 함께 있어야 하겠느냐? 너희를 보고 내가 언제
  까지 참아야 하겠느냐? 아이를 이리 데려오너라." 하
  고 말씀하셨다.

20 아이를 예수님께 데려가니 귀신이 예수님을 보고 아이
  에게 발작을 일으켰다. 그러자 아이가 땅에 엎어져 뒹
  굴며 거품을 내기 시작했다.

21 그래서 예수님이 아이 아버지에게 물었다. "언제부터
  이렇게 되었느냐?" 어렸을 때부터입니다.

22 귀신이 자주 아이를 불과 물속에 던져 죽이려 했습니

다. 그러나 선생님, 하실 수 있다면 우리를 불쌍히 여겨 도와주십시오.

23 할 수 있다면이 무슨 말이냐? 믿는 사람은 무엇이든지 할 수 있다.

24 바로 그때 아이 아버지가 큰 소리로 "제가 믿습니다. 믿음 없는 제가 믿음을 갖도록 도와주십시오" 하였다.

25 예수님은 사람들이 점점 모여드는 것을 보시고 더러운 귀신에게 벙어리와 귀머거리 되게 하는 귀신아, 내가 너에게 명령한다. 그 아이에게서 나와 다시는 들어가지 말아라 하고 호통을 치셨다.

26 그러자 귀신이 소리 지르며 아이에게 심한 발작을 일으켜 놓고 나갔고 아이는 죽은 사람같이 되었다. 그래서 많은 사람들은 "아이가 죽었다" 하고 말하였다.

27 그러나 예수님이 아이의 손을 잡아 일으키시자 그가 벌떡 일어났다.

28 예수님이 집에 들어가 계실 때 제자들이 조용히 와서 "왜 우리는 귀신을 쫓아낼 수 없었습니까?" 하고 물었다.

29 그래서 예수님은 "이런 귀신은 기도가 아니면 나가지 않는다"하고 대답하셨다.

이 문제를 해결하기 위해서는 믿음을 경험할 수 있는 신뢰의 관계를 형성해야 한다. 기준을 세워 자기 마음대로 생각하고, 행동하는 것을 막아야 한다. 기준을 세우는 사람은 권위자인데 그 권위자와의 관계 회복은 보이지 않는 하나님을 믿을 수 있게 해 준다.

믿음은 우리를 죄에서 해방시킨다. 교회를 다니고 예배드린다고 회복되고 치유되는 것이 아니다. 구조가 있고 영적인 문제가 있다.

이혼의 입구에서 가정을 회복시키길 간절히 원했던 김 집사는 내가 믿고 가르치는 대로 따라왔다. 자신이 왜 그런 행동을 하는지 이해하면 치유가 빠르다.

먼저 제자 된 자를 믿고 신뢰함으로 하나님 아버지를 믿을 수 있게 된다. 그렇게 김 집사는 하나님 앞에 회개하며 많은 눈물을 흘리고 아내에게 진심으로 사과하고 자신의 부모를 용서했다. 그리고 가지고 있던 음란 영상을 모두 없애버렸다. 이후 금식과 함께 경건 훈련을 시작했다.

한 달이 지나자 김 집사는 화가 안 나고, 성욕이 현저히 떨어졌다고 고백했다.

"목사님이 어려운 순간 옆에 계셨기 때문에 신뢰하는 마음을 처음으로 갖게 되고, 하나님을 믿는다는 게 무엇인지 알게 되었어요. 죄를 고백하고 회개하였더니 예전과 분명히 다른 마음 상태를 가지게 되었어요."

김 집사는 회복되어 믿음의 가정을 잘 꾸려나가고 있다.

시편 기자는 신자가 허물과 죄에서 회복될 때 어떤 축복이 있는지 이렇게 고백한다.

1 허물의 사함을 받고 자신의 죄가 가려진 자는 복이 있도다
2 마음에 간사함이 없고 여호와께 정죄를 당하지 아니하는 자는 복이 있도다
3 내가 입을 열지 아니할 때에 종일 신음하므로 내 뼈가 쇠하였도다
4 주의 손이 주야로 나를 누르시오니 내 진액이 빠져서 여름 가뭄에 마름 같이 되었나이다(셀라)
5 내가 이르기를 내 허물을 여호와께 자복하리라 하고 주께 내 죄를 아뢰고 내 죄악을 숨기지 아니하였더니 곧 주께서 내 죄악을 사하셨나이다(셀라)
6 이로 말미암아 모든 경건한 자는 주를 만날 기회를 얻어서 주께 기도할지라 진실로 홍수가 범람할지라도 그에게 미치지 못하리이다

(시편 32:1~6)

아버지께 죄를 드러내어 회개하고 문제가 해결되었을 때 다시 죄를 짓지 않기 위해 꾸준히 경건 생활을 해야 한다.

중독은 하나님 앞에 죄를 고백할 때

중독은 언제 치료되는가?

심방을 요청한 집사 부부를 같이 만나 달라는 친구 목사의 부탁을 받았다. 그 가정에 방문했다. 남자 집사는 10년 동안 우울증으로 신촌에 있는 대학병원 정신과에서 치료를 받았다. 계속 약을 복용하고 있었는데도 그날은 더 증상이 심하였다. 큰 두려움과 공포를 느끼며 불안해하고 있었다. 오랜 시간 병원을 다니며 약을 먹었지만 점점 심해지자 목사들을 부른 것이었다. 약만 끊을 수 있다면 소원이 없겠다고 말했다. 굉장히 혼란스러운 상황을 진정시킨 후, 서로 자기소개를 했다.

"저는 창원 교회 집사이고 직업은 검사입니다."

그래서 나도 그 집사의 눈을 쳐다보며 이야기를 했다.

"목사는 영혼을 치료하는 의사이고, 죄를 상대하는 사람입니다." 혼란스러워하고 있는 사람에게 나를 신뢰할 수 있도록 이야기했다.

그 집사는 다시 빠르게 이야기를 이어갔다. 여기저기서 지옥 냄새가 나고, 밖에서 자신을 죽이려고 노려보고 있다고 했다. 그러다가 갑자기 분노를 주체하지 못했다. 나에게 화를 내며 몸을 밀치고 욕을 했다. 아내에게도 화를 내며 무당 새끼들을 왜 데려왔냐고 소리쳤다.

그렇게 두 시간 정도 상황이 계속되다가 두려움에 떨던 행동이 잦아들긴 했지만 불안해서인지 쉼 없이 이야기를 하였다. 그리고 향수를 뿌려대고 계속 침을 뱉었다.

40대 후반 정도로 보이는 집사는 마치 어린아이처럼 두려움에 떨고 있었다. 나는 오늘 일이 있기 전에 전조증상이 있었는지 등을 물어보며 특이점을 찾아봤다. 주위에 사람들이 있어서인지 제한적인 정보만을 주었다. 그래서 예수 그리스도가 하나님의 아들이심과 나의 구원자이심을 고백하게 하고 같이 기도해준 후 많이 안정을 찾아서 교회로 돌아왔다.

한 달 정도 지나 그 집사에게서 연락이 왔다. 자신의 상태가 다시 나빠졌음을 말하고 둘이 만나기를 원했다. 약속을 잡고 나는 기도하며 하나님의 도우심을 간절히 구했다.

그 이후로 매 주일에 한 번씩 만났다. 그런 만남의 과정 속에서 그의 성장과정, 부모와의 문제, 부부 문제 등 많은 이야기를 들었다.

그 집사의 성장 과정에서 아버지는 알코올 중독이었고 어머니는 도망을 갔다. 가정에서 권위자인 아버지 상이 틀어지면 훈육이 거의 불가능하기 때문에 자녀들은 문제를 겪을 때 자신의 마음대로 생각하고 결정하고 행동한다.

어머니를 통해 경험한 여자의 상 또한 안 좋기 때문에 아내와도 관계가 좋지 않을 수 있다. 또 원 권위자가 마음에 안들 경우 다른 권위자를 만들어내고 선택한다. 생각의 주인이 자신이기 때문에 틀린 생각과 행동을 해도 자신에게 문제가 있다는 생각을 하지 못한다.

그러나 중요한 것은 죄를 고백하기 위해선 기준이 세워져야 한다. 하나님이 생각의 기준이 되면 죄를 고백하고 회개하게 된다. 물론 여기에는 믿음이 전제되어야 한다. 기준을 제시하는 사람을 믿을 때 죄를 고백하고 회개한다.

기준을 제시하는 사람을 믿는다는 것은 틀어진 아버지의 상을 대신할 신뢰할 수 있는 권위자가 있을 때 가능하다. '먼저 주님의 제자 된 자'라고 정의할 수 있다. 목회자들 혹 리더들이 거룩하고 정결하고 신뢰할 수 있는 일관성 있는 존재로 거듭나야 한다.

그리고 영혼들을 돌봐야 한다.

너희 중에 병든 자가 있느냐

그는 교회의 장로들을 청할 것이요

그들은 주의 이름으로 기름을 바르며

그를 위하여 기도할지니라

믿음의 기도는 병든 자를 구원하리니

주께서 그를 일으키시리라

혹시 죄를 범하였을지라도 사하심을 받으리라

그러므로 너희 죄를 서로 고백하며 병 낫기를 위하여 서로

기도하라 의인의 간구는 역사하는 힘이 큼이니라

(야고보서 5:14~16)

내 형제들아 너희 중에 미혹되어 진리를 떠난 자를

누가 돌아서게 하면 너희가 알 것은 죄인을 미혹된 길에서

돌아서게 하는 자가 그의 영혼을 사망에서 구원할 것이며

허다한 죄를 덮을 것임이라

(야고보서 5:19~20)

문제가 있는 곳에 영혼 구원이 있다. 영혼 구원을 위해 문제가 있는 곳으로 달려가야 한다.

권위의 회복

구약에 하나님은 하나님의 권위에 도전하고 불만 불평하는 자들을 처벌하셨다. 그러나 지도자 모세가 기도하자 하나님은 불뱀을 만들어 장대 위에 매달라고 하셨다. 그리고 원망하다가 물린 자들이 장대에 매달린 놋뱀을 보도록 하셨다. 하나님의 권위에 순복하는 자는 생명을 얻게 하셨다.

> 7 백성이 모세에게 이르러 말하되 우리가 여호와와 당신을 향하여 원망함으로 범죄하였사오니 여호와께 기도하여 이 뱀들을 우리에게서 떠나게 하소서 모세가 백성을 위하여 기도하매
> 8 여호와께서 모세에게 이르시되 불뱀을 만들어 장대 위에 매달아라 물린 자마다 그것을 보면 살리라
> 9 모세가 놋뱀을 만들어 장대 위에 다니 뱀에게 물린 자가 놋뱀을 쳐다본즉 모두 살더라
>
> (민수기 21:7~9)

하나님은 여호와 하나님의 말씀에 순종하여 쳐다보는 자를 구원해 주셨다. 권위에 순복하는 자에게 다시 살 기회를 주셨다.

원수는 여전히 가정을 공격하여 무너트린다. 가정의 권위자인 아버지의 상을 틀어버려 가족을 초토화시키고, 하나님을 믿지 못하게 만든다. 동시에 세상을 사랑하게 만들어 영혼을 파괴시켜 버린다. 놋뱀을 보면 살았던 것처럼 예수를 믿기만 하면 구원을 얻게 된다. 그 역할을 제자 된 우리에게도 맡기셨다.

모세가 광야에서 뱀을 든 것 같이 인자도 들려야 하리니
이는 그를 믿는 자마다 영생을 얻게 하려 하심이니라
(요한복음 3:14~15)

성공적인 상담이 되기 위해서는 신뢰를 얻어야 한다. 심방을 하며 차차 신뢰를 쌓게되자 그는 자신의 깊은 이야기를 많이 해 주었다. 그는 본인의 의지와 상관없이 지나가는 여자들을 보면 성관계하는 상상을 많이 하여 괴롭다고 털어놓았다.

그러면서 자신이 지은 죄들을 하나님과 장로 앞에 고백하도록 도왔다. 집사는 야동을 많이 보는 음란한 죄를 지었다고 고백하며 자신이 성 중독이었음을 알게 되었다.

분명 교회를 다니고 집사이지만 많은 죄를 지음으로 하나님과의 관계도 끊어져 있었다. 그러나 지속된 상담을 한

뒤에는 달라졌다. 하나님과의 관계가 회복되고, 음란에 더 이상 끌려 다니지 않았다.

먼저 제자 된 목회자를 통해 하나님 앞에서 섰다. 그리고 스스로 죄를 고백하고, 회개하였다. 평생 씨름하던 죄의 고통에서 해방되었다. 지금은 누구보다 가정을 잘 돌보고, 신앙생활도 열심히 하고 있다.

중독의 문제는 개인의 문제가 아니다. 가정의 문제이고, 공동체에 까지 영향을 준다. 더 깊게는 자녀와 손자에게도 좋지 않은 영향력을 미친다. 무엇보다 그릇된 아버지 그리고 어머니의 상을 가지고 있으면 자녀들은 그 영향을 받는다. 선하신 하나님을 믿지 못하고 각종 죄와 중독에 빠진다.

아담의 원죄는 하나님 없이 자신이 선악을 파악해 자신의 삶에 주인이 된 것이다. 자신의 생각과 자신의 판단대로 기준 없이 살아가고 탈선했다. 우리는 하나님 아버지를 믿음으로 아버지께 돌아와야 한다.

먼저 믿고 제자 된 자들이 죽어가는 영혼들을 붙잡아 주어야 한다. 그럴 때 수많은 영혼이 하나님을 바로 알고, 믿게 되고, 치유받고 회복된다. 중독으로 피폐함을 겪다가 다시 회복된 자가 있는가? 주위를 돌아보고 죽어가는 영혼을 케어하고, 돌보아야 한다. 건강한 가정, 교회 공동체, 건강한 국가를 만들어야 할 사명이 그리스도인들에게 있다.

그 날이 속히 오기를 기다린다.

영혼을 파멸시키는 종교 중독

영혼을 파멸시키는 종교 중독

중독의 구분

중독은 일반적으로 물질 중독과 행위 중독으로 구분한다. 물질 중독은 알코올, 마약 등의 물질에 중독된 상태를 의미한다. 행위 중독은 도박과 같은 어떤 행위에 중독된 상황을 말한다. 행위 중독은 다시 유형의 중독과 무형의 중독으로 구분된다. 유형의 중독은 눈으로 확인할 수 있는 도박, 독서, 일, 낚시 등에 중독된 것을 뜻한다. 무형의 중독은 눈으로 확인할 수 없는 관계, 연애, 종교 등에 중독된 상태를 의미한다.

대두되는 행위 중독 문제

과거의 중독 문제는 알코올, 마약, 담배 등의 물질에 중독된 물질 중독에 국한되어 논의되었다. 현시대는 물질 중독을 넘어 행위 중독의 문제에 당면해있다. 과거에 없던 인터넷, 스마트폰, 성형, 쇼핑, 주식, 수집 등 다양한 행위에 중독된 사람들이 늘어난다.

흔히 좋거나 필요하다고 여겨 가지게 된 취미 생활도 중독이 될 수 있다. 독서, 운동, 여행 중독자들이 즐비하다. 대중교통을 이용하면 대부분의 현대인이 스마트폰 중독이라는 사실을 쉽게 확인할 수 있다. 인간이 접하는 모든 분야에 중독 문제를 빼곤 논할 수 없는 시대가 되었다.

중독은 중독 당사자의 문제로 끝나지 않는다. 개인의 삶과 속한 가정, 공동체를 파괴한다. 문제는 눈에 띄는 물질 중독자가 아닌 행위 중독자들 역시 서서히 이 사회를 병들게 한다는 점이다. 현대 사회는 수많은 사람이 다양한 관계를 맺으며 구성되어 있다. 자기 통제력을 상실하고 강박적 사고에 매인 중독자들이 서로 영향을 주고받는 구조임을 간과해서는 안 된다.

수많은 행위들에 중독이라는 말을 붙여 사용해도 되느냐에 대한 의문과 문제 제기가 발생하기도 한다. 행동약리학을 전공한 일본의 의학박사 히로나카 나오유키는 "WHO(세계보건기구)가 약물의 위험성(남용될 우려가 있는지 없는지의 여부)을 나타내기 위해 '중독'이라는 단어를 사용하기 시작했다"[1]고 한다. 그는 약물이 아닌 다른 대상에 사용되는 중독은 비유적인 표현이라고 설명한다.[2] 하지만 그 역시 도박에 대한 강박적 욕구를 가지고 있는 사람들의 모습은 약물중독에 빠진 사람들과 흡사하다고 전한다.

미국 정신의학회(APA)에서 공식적으로 사용하는 정신 장애 진단 분류 체계인 '정신 장애 진단 및 통계 편람'(diagnostic and statistical manual of mental disorders, DSM)은 5번째 개정판인 DSM-5에서 물질-관련 및 중독 장애에 도박 장애를 비물질-관련 장애로 포함시켰다. DSM은 국제보건기구(WHO)에서 공인한 국제 질병 분류(International Classification Disease, ICD)와 함께 가장 널리 사용되는 정신 장애 진단 분류 체계다. 행위 중독에 대한 국제적인 공감대도 형성되고 있다는 뜻이다.

---

1) 히로나카 나오유키, 『중독의 모든 것』 (황세정 역, 큰벗, 2016), 143.
2) 같은 책, 143.

문제는 무형의 행위 중독이다. 감정과 신념의 문제로 얽힌 무형의 중독은 우리 사회에 만연해있지만 숨겨져 있어 실태파악이 어렵다.

필자는 행위 중독 가운데서도 무형의 중독, 그중에서도 종교 중독에 대해 생각하고자 한다. 종교 중독이라는 단어가 생소할 수 있다. 종교가 중독될 수 있을까? 그렇다. 건강한 신앙이 있지만 해로운 신앙도 있다. 우리 주변에 나타나는 극단적인 종교적 행위 또는 이단과 사이비의 문제는 종교 중독의 관점에서 접근할 필요가 있다.

종교 중독은 무엇인지, 왜 발생하는지, 어떤 악영향을 미치는지, 대안은 없는지 생각해보고자 한다.

중독이란 무엇인가?

종교 중독을 논하기에 앞서 중독을 정의할 필요가 있다. 중독은 물질, 행위 중독의 유형에 따라 다음과 같이 다양한 사전적 의미를 가진다.

1. 약물의 독성에 의해 신체에 기능 장애가 일어난 상태
2. 술이나 마약, 약물 등을 지나치게 복용해, 그것 없이는

견디지 못하는 병적 상태

3. 사상이나 사물 등에 세뇌되어 정상적인 판단이 불가
   능한 상태

중독은 어떤 일에 지나치게 습관적으로 몰두할 때 발생
한다. 한 일에 대한 몰두는 강한 애착으로 변한다. 모든 애
착이 나쁘다는 뜻은 아니다. 애착이 집착으로 변하고, 자신
의 삶을 파괴하면서까지 집착으로 나타날 때 중독되었다고
말할 수 있다.

가령 일에 중독된 사람들은 자신의 가정을 포기해 가면
서 일을 우선시한다. 자신이 일을 장악하고 진행한다고 생
각하지만 실상은 일에 지배된 중독된 상태다.

종교 중독이란?

다른 중독의 문제들에 비해 종교 중독은 학문적 연구가
활발히 이루어진 분야는 아니지만, 국내·외에서 종교 중독
을 정의하는 시도들이 있다. 기독교 신앙에 국한시켜 이미
내려진 다양한 정의들을 종합하면 다음과 같다.

'본질적으로 하나님을 섬기지 않고 교회 안에서의 종교 적인 활동과 행위에 매달리는 상태'

스티븐 아터번과 잭 펠톤은 이를 '해로운 신앙'이라고 진 단한다.

"많은 사람들이 종교 중독에 빠질 수 있다. 그들이 가진 상처와 불행, 갈등으로 인해서 그들은 하나님의 은혜를 얻 기 위해서 열심히 일 하는 것이나 삶을 더욱 평탄하게 해 준 다고 약속하는 어떤 교리를 믿는 것에 쉽게 중독된다. 그들 은 어떤 면에서 마약만큼이나 중독적인 것이 되는 해로운 신앙을 발전시킨다."[3]

종교 중독을 신앙 중독으로 보는 관점

"기독교에서 종교 중독이란 신을 섬기지 않고, 성경이나 기독교 안에서 활동이나 교리 등 신 이외의 것에 집착하는 것을 종교 중독이라 말하고 있다. 이들은 겉으로 보기에는 신앙이 독실한 것 같고, 기독교 공동체 안에서 헌신하는 것

---

3) 스티븐 아터번, 잭 펠톤, 『해로운 신앙』(문희경 역, 그리심, 2013), 34.
4) 김성민, 『생명의 의미와 새로운 그리스도』(다산글방, 2004), 242.

같으나 다른 사람에 대해 비판과 정죄가 많고 문제를 발생시켜 신의 자리에 자기 신이 있는 것처럼 객관화한다."[4]

신앙생활을 열심히 하는 것처럼 보이지만, 본질적으로 하나님이 아닌 종교적 열심이라는 다른 신을 섬기는 상태를 종교 중독이라고 한다. 이런 사람들은 종교적 열심을 신앙의 깊이로 착각한다. 종교 중독자들은 하나님이 아닌 종교적 행위나 사람 등에 초점을 맞춘다.

얼마 전 지은이를 상담을 하며 충격적인 이야기를 들었다. 지은이는 자신의 친구 성실이가 아주 건강한 신앙생활을 한다고 믿어왔다. 교회 출석은 기본이고, 평소 스마트폰으로 설교 말씀을 자주 듣는 성실이의 모습을 봐왔기 때문이다.

그러던 어느 날, 성실이가 유부남과 적절하지 못한 관계를 가졌다는 소식을 듣게 되었다. 성실이는 지은이를 찾아와 충격적인 이야기했다.

"나는 중년의 남자 목사가 설교하는데서 묘한 성적 쾌감을 느껴...."

성실이가 틈날 때마다 스마트폰으로 설교를 들었던 이유였다.

성실이의 외형적인 모습만 본다면 본받을 만한 신앙인일 수 있다. 하지만 내면 상태를 안다면 아무도 성실이의 신앙이 건강하다고 말하지 않는다. 숨겨진 종교 중독이 무서운 이유는 겉으로 드러나지 않기 때문이다.

종교 중독자들의 특징

종교 중독자들은 하나님과의 관계가 아닌 종교적 열심에 모든 힘을 쏟는 자들이다. 종교 중독자들에게 나타나는 현상은 다양하다. 그중 몇 가지 중요한 것들을 살펴볼 필요가 있다. 종교 중독자들은 아래에 열거하는 몇 가지 특징이 선별적으로 나타난다.

첫째, 이분법적 사고방식이다. 이분법적 사고방식은 두 가지 형태로 나타난다. 먼저는 믿음의 기준을 종교적 행위의 많고 적음에 두는 이분법이다. 종교 중독자들은 교회 안에서 종교적 행위를 많이 할수록 믿음이 좋은 자, 행위가 적을수록 믿음이 부족한 자라고 평가한다.

한 교회 안에 있는 성도들을 행위에 따라 정죄하고 판단한다. 최선을 다해 종교적 열심을 내는 자신이 모든 판단의 기준이다. 종교 중독자들은 다른 사람들이 자신보다 믿음이 부족하다는 교만한 사고방식을 가지게 된다. 정죄하고 비판하고 다그치고 판단하기를 즐거한다.

　다른 형태의 이분법적 사고방식은 오로지 자신의 생각이 옳다고 여기는 모습으로 나타난다. 이분법적 사고방식을 가진 자들은 다른 사람의 의견을 존중하지 못한다. 공동체 안에서 자신이 원하는 대로 의사결정이 이뤄지지 않으면 견디지 못하거나 쉽게 분을 낸다. 더 극단적으로 가면 사이비적 행태가 나타난다.

　지난 2014년 5월 28일, 중국 산둥성의 맥도널드 매장에서 한 여성을 집단 구타해 사망케 한 사건이 있었다. 가해자는 중국에 여 그리스도가 재림했다고 믿는 전능하신 하나님교회(동방번개)의 신도들로, 이들은 가족이었다. 포교 거부가 이들 가족이 피해자를 구타한 표면적 이유였다. 폭행 이유를 조금 더 깊숙이 살펴볼 필요가 있다.

　폭행 당시 이들 가족 중 한 사람이 피해자를 향해 "너는 악마야", "마귀다"라고 소리쳤다. 이들은 '인간' 보다는 여성을 사로잡고 있는 '마귀'를 잡겠다고 달려들었다.

국내에서도 비슷한 사례가 있었다. 2014년 3월, 신천지를 탈퇴하겠다는 농아인 자녀를 폭행한 부모가 있었다. 자녀가 구타를 이기지 못하고 "탈퇴하지 않겠다", "회개하겠다"라고 하자 부모는 악령이 나갔다며 폭행을 멈추었다고 한다.

신천지에 빠진 한 청년은 자신이 돌아오길 바라는 부모의 마음도 모른 채, 일기장에 "부모라고도 하기 싫다. 이미 그들도 사단에 사로잡혀 있다"라고 썼다.

극단적인 이분법적 사고방식을 가진 이들은 선과 악을 뚜렷하게 인식한다. 당연히 선은 자신들이다. 문제는 악에 대한 인식이다. 이들에게 악은 선한 자신들을 대적하는 그 모든 것이다. 자신들로부터 구원과 영생을 찬탈하려는 악을 싸잡아 성경을 빌어 '마귀(혹은 사단)'라고 표현한다. 가족도 예외는 아니다. 종교 중독자들의 이분법적 사고방식이 극에 달할 때 나타나는 현상이다.

둘째, 왜곡된 사고방식이다. 종교 중독자는 다양한 대상에 중독되어 있다. 그것이 목사가 될 수도 있고, 관계, 맡은 직분, 심지어 건축물이 될 수도 있다. 종교 중독자가 수면 위로 드러나는 시점은 중독된 대상에 문제가 발생했을 때다.

예를 들어 보자. 목사가 성문제나 재정문제를 저질렀을 때 이성과 상식, 법률적으로 목사에게 잘못이 있음이 명백함에도 목사를 비호하는 세력이 있다. "저렇게 얌전하던 집사가 왜 무리하게 목사를 비호하며 폭력적으로 돌변했는가?"라고 질문한다면, "집사는 애초에 하나님이 아닌 목사를 바라본 종교 중독자였기 때문"이라고 답할 수 있다.

지금까지 목사에게 아무런 문제가 없었기 때문에 중독 증세가 수면 아래 있었을 뿐이다.

목사를 둘러싼 논란이 발생했을 때, 목사의 문제를 제기하던 측은 "이 정도 증거면 비호하던 세력도 마음을 돌리겠지."라며 증거자료를 제시한다. 목사를 비호하던 측은 마음을 돌이키기는커녕 더욱 격렬하게 목사를 옹호한다.

이해할 수 없는 현상이 아니다. 중독자들에게는 지극히 당연한 현상이다. 아놀드 루드비히는 "사건 자체에는 아무런 의미도 없다. 그 사건을 사람이 어떻게 지각하고 해석하는가에 따라 의미는 달라진다. 같은 종류의 사건이라도 그 일을 누가 겪느냐에 따라 의미가 달라질 수 있다. 같은 사건이 같은 사람에게 반복해서 일어났다 해도 그 시점에 따라 의미는 달라질 수 있다."5) 고 분석한다.

중독자에게 목사는 결코 무너지면 안 되는 존재다. 무결하고 죄가 없으며 대적자에게 모함을 받는 의인일 뿐이다. 증거는 얼마든지 조작될 수 있다는 왜곡된 사고방식에 사로잡혀 있다.

흔히 사이비 종교의 교주가 감옥에 가면 신도들이 왜 이탈하지 않느냐는 질문을 한다. 위와 같은 맥락으로 이해할 수 있다. 일명 JMS라고 불리는 정명석은 많은 여신도를 성폭행하고 강간해 대전교도소에서 10년을 복역한 뒤 2018년 2월에 출소했다.

신도들은 무죄한 정명석이 억울하게 감옥에서 자신들을 위해 옥고를 치렀다고 굳게 믿는다(물론 탈퇴한 신도들도 있다).

셋째, 극단적인 신비주의를 추종하기도 한다. 이들은 하나님보다 신비체험에 우선순위를 둔 중독자들이다. 겉으로는 체험을 통해 하나님을 경험했다고 말하지만 실상은 신비한 체험을 통해 현실 세계의 어려움을 극복하겠다는 심

---

5) 아놀드 루드비히, 『중독자의 내면 심리 들여다보기』 (김원 외 1명 역, 소울메이트, 2016), 173.

리를 가진다.

신비체험이 현실 도피의 수단인 셈이다. 신비주의를 추종하는 이들은 결코 한 번의 체험으로 만족하지 않는다. 더 짜릿한 경험을 추구한다. 문제는 더 이상의 신비체험이 발생하지 않을 때다. 신비한 체험을 추종하는 사람들은 하나님의 살아계심과 자신의 믿음에 대한 보증을 체험을 통해 얻는다.

체험이 사라지면 믿음이 없는 자라는 죄책감에 하나님에 대한 원망이 결합된 병든 신앙으로 변질된다. 그를 지탱하던 힘이 어디서부터 오는지 알 수 없는 신비체험이었기 때문에 체험이 없으면 신앙을 유지하기 어려운 상태가 된다.

신비체험을 추종하는 종교 중독자들은 계속해서 자극적인 집회를 찾아 전전한다. 극단적인 신비주의자들은 성경을 보는 눈이 왜곡되거나 성경을 등한시한다. 체험을 성경적으로, 신학적으로 꼼꼼하게 따져볼 생각을 하지 않는다.

몇 년 전 오랜 기간 신앙생활을 하며 후배들에게 본을 보이는 한 청년이 은혜되는 간증이라며 글을 보내주었다. 소위 천국과 지옥을 보고 왔다는 목사의 간증문이다. 목사는 천국에서 성부 하나님을 만났는데, 성부 하나님이 성령은 경배의 대상이 아니라고 가르쳐주었다고 한다.

이 부분만 읽어도 이 체험이 가짜이고 신뢰할 수 없다는 사실을 알 수 있다. 삼위일체는 기독교의 가장 핵심 되는 진리 중 하나이기 때문이다. 후배들에게 신앙의 본을 보인다는 청년이 삼위일체를 정면으로 부인하는 글을 읽고도 은혜를 받았다고 하니 안타까웠다.

체험을 추구해 신령해 보이고, 하나님과 친밀하게 여겨지는 건 착각일 뿐이다. 오히려 바른 진리를 추구하기보다 체험적 신앙에 중독될 확률이 높다.

넷째, 잘못된 믿음에 기인한 종교적 열심이다. 종교 중독자들이 종교적 열심을 내는 근본 원인을 살펴야 한다. 종교 중독자들은 자신의 열심을 통해 하나님의 복을 얻을 것이라는 기복주의 신앙을 가지고 있다. 자신의 의로운 행위로 하나님의 복을 받겠다는 심산이다.

이들에게는 오로지 현세적인 복을 주시는 하나님이 참된 신이다. 고난과 고통을 극복하고 인내하라는 메시지는 이들에게 어울리지 않는다. 자신의 욕구를 하나님을 이용해 채우려는 사람들이 종교 중독자들이다.

종교 중독자들은 인과관계를 중요하게 여긴다. 하나님

의 은혜와 복을 받기 위해 더 열심히 종교적 행위를 해야 한다거나 혹은 반대로, 하나님의 일을 열심히 하지 않았기 때문에 벌을 받았다는 사고방식에 사로잡혀 있다. 종교 중독자는 하나님을 섬기는 것처럼 보이지만 자신의 행위로 하나님을 조종하려는 잘못된 신앙을 가진 자 들이다.

성경에서 종교 중독자의 예를 찾아볼 수 있다.

바리새인은 서서 따로 기도하여 이르되
하나님이여 나는 다른 사람들 곧 토색,
불의, 간음을 하는 자들과
같지 아니하고 이 세리와도 같지 아니함을 감사하나이다
나는 이레에 두 번씩 금식하고
또 소득의 십일조를 드리나이다 하고

(누가복음 18:11~12)

바리새인은 종교 중독자의 전형적인 특징을 가진 자들이었다. 바리새인은 종교적 열심이 신앙의 본질이 아니라는 사실을 가르쳐주었다. 그들의 종교적 행위에는 의와 진리의 거룩함이 없었다. 제사는 허울과 외식뿐이었다. 자신들이 만들어놓은 전통과 고집과 아집이 눈앞에선 메시아 예수 그리스도를 보는 눈을 가려버렸다. 예수님은 그들을 독사의 자식이요 회칠한 무덤이라고 비판하셨다.

종교 중독과 건강한 신앙의 경계선

종교적 행위에 열심을 내면 모두 종교 중독자인가? 물론 아니다. '종교 중독에서 나오는 열심'과 하나님을 향한 '믿음에서 나오는 헌신'을 구별할 필요가 있다. 아무도 복음을 위해 자신의 삶을 희생한 사도들과 수많은 복음 증거자들을 종교 중독자라고 부르지 않는다.

종교 중독과 건강한 신앙의 경계선을 긋는 일은 쉽지 않다. 그러나 두 가지 질문을 던질 수 있다.

첫째, 나는 하나님에 관심이 있는가? 교회 일에 관심이 있는가?

이 질문은 종교 중독과 건강한 신앙을 나누는 가장 기본적이지만 중요한 경계선이다. 건강한 신앙은 신앙의 대상인 하나님께 집중한다. 기독교는 계시의 종교다. 인간은 하나님께서 자신을 알리지 않으시면 하나님을 알 수도, 사랑할 수도 없다.

하나님은 자신을 다양한 방법으로 계시하셨다. 이 시대는 기록된 하나님의 말씀인 성경을 통해 자신을 알리셨다. 성경은 하나님이 누구시고, 어떤 일을 하셨으며, 인간은 하나님 앞에서 어떻게 살아야 하는지 알려준다. 신앙의 초점이 하나님께 맞춰지려면 모든 신앙의 행위가 하나님의 말씀에 기초해야 한다. 그런데 오늘날 많은 사람이 성경을 읽지 않는다.

성경을 읽어도 아전인수 격으로 해석한다. 어떤 이들은 자신의 상황에 말씀을 때려 맞춰 왜곡한다. 말씀을 스스로 읽고 바르게 해석하는 능력이 많이 떨어진 시대다.

다음 세대라는 청년, 청소년들의 상태는 심각하다. 교회에 다니고, 교사, 리더, 찬양팀을 하지만 성경을 읽지 않는다. 찬양 인도를 위해 코드를 외우고, 성탄절 준비는 열심히 하지만 성경을 읽지 않는다.

교회 봉사가 곧 하나님에 대한 관심과 열정이라고 착각한다. 기독교는 진리의 종교다. 교회 봉사도 중요하다. 그러나 하나님의 존재양식인 삼위일체, 예수 그리스도가 참 신이자 참 사람이라는 신인양성이 더 중요하다. 봉사는 하나님을 인격적으로 만난 다음에 해도 늦지 않다. 성도가 진리 중심이 아닌 관계와 일 중심의 신앙생활을 하게 되면 교회 봉사를 하나님에 대한 관심으로 착각하게 된다.

자연스럽게 종교 중독으로 이어질 가능성이 높아진다.

둘째, 삶과 인격에 변화가 있는가?

사업을 하는 한 집사에 대한 이야기를 들었다. 교회에 행사가 있으면 제일 먼저, 제일 많은 헌금을 하는 사람이었다. 그런데 정작 자신이 고용하는 외국인 노동자들의 임금은 제때 주지 않았다. 종교 중독과 건강한 신앙을 가르는 또 하나의 중요한 경계선이 삶과 인격의 변화다.

현재 나의 신앙생활이 종교 중독이 아니라는 결정적 증거는 성화의 삶이다. 인격과 삶이 하나님 보시기에 합당하게 변화되고 있는가를 따져야 한다. 건강한 신앙인은 교회에서의 모습과 교회 밖에서의 모습이 동일하다. 하지만 종교 중독자들은 교회에서의 모습과 교회 밖에서의 모습의 격차가 점점 벌어진다.

여름, 겨울 수련회나 캠프 시즌이 오면 많은 집회가 열린다. 많은 다음 세대들이 화려한 조명 아래 열정적으로 뛰면서 찬양한다. 문제는 찬양 이후의 삶이다. 수련회를 다녀온

다음의 삶이다.

물론 죄를 지을 수 있고, 또 넘어질 수 있다.

그러나 은혜받았다면서 이전과 행위가 똑같고, 사용하는 거친 언어가 똑같고, 성경을 읽고 묵상하여 적용하는 모습이 없다면 분명 문제가 있다. 땀을 흘리며 하나님을 찬양했다기보다 찬양하는 분위기에 취해 종교적 카타르시스를 느꼈을 확률이 훨씬 높다.

일말의 신앙적 양심 때문에 교회 울타리를 벗어나지 못한 학생들이 학업 스트레스, 관계의 문제, 가정의 문제 등을 '하나님'이라는 이름이 등장하는 강렬한 음악에 몸을 맡겨 일시적으로 갈증을 해소했을 가능성이 높다는 뜻이다. 성화가 없는 신앙은 종교 중독일 가능성이 매우 높다.

종교 중독의 발생원인

종교 중독은 왜 발생하는 것일까?

근본적인 이유와 세세한 원인들을 구별할 필요가 있다. 먼저 근본적인 이유다. 중독이든 어떤 형태의 인간이 가진 결핍이든 모든 연약함의 근본 원인은 '죄'다.

인간은 하나님 앞에서 죄를 지었다. 그 결과 살인, 도둑질, 간음 등의 죄의 결과물을 양산했다. 죄로 인해 타락한 인간은 각종 결핍증에 걸리게 되었다. 죄가 가진 파괴성이 인간의 삶을 병들게 했다.

하나님을 가장 사랑해야 할 인간이 하나님 외에 다른 것으로 만족하고 살 수 있다는 착각에 빠졌다.

아버지께로부터 오지 않은 육신의 정욕, 안목의 정욕, 이생의 자랑이 인간이 가진 중독성이다. 인간이 하나님 앞에서 죄인이라는 사실을 인정하지 않으면 중독의 문제는 해결되지 않는다.

이는 세상에 있는 모든 것이
육신의 정욕과 안목의 정욕과 이생의 자랑이니
다 아버지께로부터 온 것이 아니요
세상으로부터 온 것이라
(요한일서 2:16)

조금 더 세세한 원인을 살펴야 한다. 타락한 인간이 어떤 환경에 노출되었을 때 더 쉽게 종교 중독에 빠질 수 있는지 이해할 필요가 있다.

스티븐 아터번과 잭 펠톤은 종교 중독자들에게서 몇 가지 공통점을 발견했다고 전한다. 이들은 엄한 부모들, 실망 경험, 낮은 자존감, 학대 피해자가 종교 중독에 빠질 확률이 높다고 말한다.[6] 이들의 저서 『해로운 신앙』에 기록된 네 가지의 특성을 요약하면 다음과 같다.[7]

엄한 부모들: 엄한 부모 밑에서 성장한 아이가 성인이 되면 엄격한 형식을 신봉하는 사람들에게 끌리게 된다. 아이가 성인으로 자라 엄격한 통제에서 벗어나게 되면 자신이 겪었던 상황을 싫어할 것이라고 생각한다. 그런데 오히려 과거와 같은 상황에 끌리게 되고 엄격한 종교 체계에 쉽게 영향을 받거나 해로운 신앙의 지도자를 따르게 된다.

실망 경험: 대부분의 종교 중독자의 배경에는 커다란 실망 경험에서 생겨난 깊은 상처가 있다. 어렸을 때 부모를 여의거나 부모가 이혼하는 경우가 대표적인 예다. 인생의 후반부에 발생하는 자신의 이혼이나 버림받음의 원인이 될 수도 있다. 상실과 실망은 또다시 버림받지 않을까 하는 엄청난 두려움을 야기한다. 중독자들은 아무런 위험 부담 없

---

6) 스티븐 아터번, 잭 펠톤, 『해로운 신앙』 (문희경 역, 그리심, 2013), 35.
7) 같은 책, 35-39.

이 그저 받아주기로 약속하는 집단에 매력을 느끼고 애착을 가지게 된다.

낮은 자존감: 자존감이 낮은 사람들은 고립되고 소외되었다고 느낀다. 그들은 소속되고 수용되기를 원한다. 해로운 신앙의 지도자들은 이점을 잘 알고 있다. 그들은 자신에게 중요한 존재로 느끼게 해 줄 어떤 사람을 찾고 있는 상처 입은 추종자들을 쉽게 가려낸다. 사역을 가장하여 낮은 자존감을 가진 사람들에게 진정한 돌봄을 받고 있다고 믿을 때까지 그들의 필요를 충분히 채워준다. 그래서 그 종교 집단은 새로운 구성원들을 얻게 된다.

학대 피해자: 학대를 당한 사람은 버림받았고 사랑받지 못한다고 느낀다. 그들은 끊임없이 상실감을 안고 살아간다. 때때로 학대했던 부모가 남겨놓은 공허감을 달래기 위해 극단으로 치닫기도 한다.

종교 중독의 원인을 자라온 가정에서 찾으려는 시도 외에 민감하지만 반드시 짚고 넘어가야 할 문제가 있다. 종교 중독 문제에 있어 이 땅의 목회자들은 결코 자유로울 수 없다.

성도들을 바른 신앙으로 인도해야 하는 목회자의 책임이 크다는 뜻이다. 한국교회는 약 120년이라는 짧은 역사에 비해 엄청난 부흥을 경험했다. 그러나 과연 한국교회는 진정한 부흥을 이루었냐는 문제 제기가 심심치 않게 일고 있다.

한국교회의 성장 이면에는 기복신앙과 죄의 회개가 빠진 값싼 복음의 전파가 많았다는 사실을 부인할 수 없다. 그 결과 마르고 시드는 풀과 꽃(이사야 40:8)을 갈망하는 종교인들을 양산했다는 비판을 피할 수 없다.

고 옥한흠 목사는 한국교회가 병들어 가는 이유를 전적으로 교역자 책임이라고 성토했다.

얄팍한 성경해석, 예화와 만담 위주의 설교, 목사의 철학을 주입하기 위한 성경 인용, 목사의 뜻이 하나님의 뜻으로 둔갑해 강단에서 선포되는 이야기, 독단적인 목회자 일인 체재의 교회, 우상화된 목회자, 질문하는 성도들을 믿음없다 책망하며 덮어놓고 아멘을 강요하는 모습, 진지하게 성경을 가르치기보다 교회의 일군을 만드는데 급급한 목회자. 이 모든 사안들이 종교 중독자를 양성하는 원인이다.

종교 중독이 심각한 현실의 이면에는 수준 미달 혹은 목회 성공 욕망으로 가득한 목사들이 있었다는 사실은 부인할 수 없다.

수년 전부터 가나안 성도8)가 발생하고 있다. 정확한 통계는 나오지 않았지만 그 수치는 계속 증가한다. 젊은이들이 교회를 떠나고 있다.

교회론 적으로 가나안 성도는 옳지 않다. 교회를 떠나서는 건강한 신앙생활을 하기 어렵다. 성경의 저자들은 신앙의 공동체성을 간과하지 않는다. 하지만 가나안 성도에 대한 새로운 시각도 필요하다. 어쩌면 이들 중에는 종교 중독자를 만들려는 목회자로부터 필사적으로 탈출한 사람들이 있을 수 있다. 교회를 떠난 이들을 무작정 정죄할 것이 아니라 무엇이 교회를 떠나게 만들었는지에 대한 분석이 병행되어야 한다.

종교 중독은 어떻게 진행되는가?

종교 중독을 연구한 학자들은 중교 중독의 단계를 몇 가지로 나눠 제시한 바 있다. 스티븐 아터번, 잭 펠톤은『해로운 신앙』에서 종교 중독의 토대, 초기, 중기, 말기의 과정을 설명했다.

---

8) 거꾸로 하면 안 나가. 하나님을 믿지만 교회를 다니지 않는 사람들을 지칭하는 신조어이다.

종교 중독 토대

학대하는 부모: 아버지의 학대는 신체적, 정서적, 성적이다.

제대로 양육받지 못한 아이: 부모 중 누구도 기본적인 정서적 필요를 채워주지 못한다.

소외감: 가족과 타인들에게는 완벽한 세계로 인식되는 것에서 멀리 떨어져 있다고 느낀다.

불완전한 부모의 완벽주의적인 태도: 요구가 많은 부모는 완벽해야 하고 아무런 실수도 용납되지 않는 비합리적인 바람으로 아이를 힘들게 한다.

높은 기대감: 부모는 냉혹하게도 아이에게 그들이 되지 못하는 것이 되고 그들이 이루지 못한 것을 이루도록 요구한다.

인색한 칭찬: 아무리 아이들이 노력을 해도 부모는 결코 만족하지 않고 긍정적인 조언을 주지 않는다.

부모의 중독 문제: 부모 중의 한 명 혹은 두 명 모두 알코올 중독자이거나 성 중독자인 경우 혹은 어떤 다른 명백한 강박적 행동을 드러낸다.

부성 부재: 이혼한 가정의 아이들은 남성의 영향력을 거의 받지 못한다.

불결한 느낌: 학대와 부정적인 관심은 아이들에게 죄책감과 불결하다는 느낌을 남긴다.

빈약한 또래관계: 아이는 다른 사람들과 개인적인 현실을 부딪치는 것을 두려워하기 때문에 친구들과 감정적으로 단절되어 있다고 느끼고 때로는 파괴적인 관계를 추구한다.

생생한 환상의 세계: 현실이 너무 어렵기 때문에 아이는 환상의 세계를 만들고 종종 그곳으로 도피한다.

드러내지 못한 감정: 가정에서 감정을 표현할 수 있는 자유가 거의 없다. 아이는 이것을 어떻게 해야 하는지 혹은 왜 그것이 유익한지 전혀 배우지 못한다.

종교 중독 초기 단계

극도의 스트레스: 가중된 스트레스는 판단을 흐리게 하고 해로운 믿음의 경고 신호들을 모호하게 만든다.

반복적인 실망: 아무것도 제대로 해결되지 않았다는 느낌 때문에 잠재적인 중독자는 잃어버린 기대에 대한 신속한 해결책을 찾게 된다.

비참한 존재: 중독자들은 희망을 찾기 위해 여러 곳을 기웃거려 보았지만 아무것도 찾지 못했다.

무가치 하다는 느낌: 중독자들은 삶이 중요하지 않으며 그 가운데서 자신이 감당할 아무런 생산적인 역할도 없다고 믿기 시작한다.

영적인 추구를 시작함: 절망에서 벗어나기 위해서 중독자는 최후의 수단으로 영적인 해답을 추구한다.

외로움: 어디에서 어떤 관심이 주어져도 환영받게 될 것이다.

불행을 해결해 줄 사람을 갈망: 문제를 해결하는 것은 너무나 어렵게 보인다. 구원받을 필요성이 증대된다.

점증하는 신에 대한 의심: 신이 돌보시는지 혹은 신이 실재하시는지 의문을 갖게 되면서 전통적인 신앙에서 벗어난 집단들의 접근에 취약해진다.

다른 사람들에 대한 의존이 커짐: 다른 사람들과 어울리면서 비현실적인 세계에 대한 망상적 사고와 존재를 받아들이게 된다.

죄책감: 아무것도 강렬한 죄책감을 극복할 수는 없다.

불안감: 끔찍한 재앙이 숨어있는 것 같고, 모든 것이 잠재적인 운명을 드러내는 신호로 보인다.

지리적인 치료: 문제를 해결하려는 노력의 일환으로 중독자는 새로운 출발이 삶을 보다 향상시킬 것이라고 믿지만 오히려 문제가 더 복잡해졌다는 것을 발견한다.

다른 관심들의 상실: 가족, 친구, 다른 활동은 해로운 믿음을 실천하는 것과 관련된 강박적인 활동으로 대체한다.

친구와 가족에게 버림받음: 동료들은 밉살스러운 행동 때문에 화가 나서 더 이상 종교 중독자와 시간을 보내지 않는다.

문제에 대한 토론을 꺼림: 점점 더 통제하기 힘든 행동 때문에 사람들이 접근하기가 쉽지 않다.

일방적인 설교: 지나친 포고, 성경구절, 판단이 사람들과의 대화를 채우기 때문에 모든 대화를 멈춘다.

특정인을 애착하는 신앙: 위로해 주는 사람은 해로운 믿음으로 고리를 삼는다.

도취시키는 소속: 새로운 해로운 믿음의 집단에서 첫 경험은 믿음의 집단에 대한 매력을 증가시킨다.

증가하는 매력: 모든 새로운 모임, 사람, 경험은 해로운 믿음의 집단에 대한 매력을 증가시킨다.

힘겨운 교회 출석: 출석은 회피의 수단이자 신과의 관계가 거의 없는 집단의 일원이 되기 위한 하나의 방편으로 이용된다.

다른 중독자에게 순응함: 그 사람은 어떤 집단의 다른 사람들처럼 보고, 입고, 말하기 시작한다.

친밀한 관계의 결핍: 친구와 가족 사이의 친밀감이 종교를 위해 희생된다.

증가하는 부인과 자기 정당화: 그 사람은 문제를 올바로 보지 못하고 행동을 정당화한다.

무기로서의 성경: 성경구절이 다른 사람을 판단하고 자신을 정당화하기 위해서 인용된다.

종교 중독 중간 단계

체계에 몰두한다: 그 사람은 적극적인 회원이 되고 그 집단과 완전히 동일시한다.

그 집단에서 선전하는 내용을 숙지하고 있다: 지도자의 저술에서 많은 부분이 손쉽게 인용된다.

대담하게 말한다: 신앙의 이름으로 행해지는 공격적인 비판을 별로 고려하지 않는다.

특별히 돈을 바친다: 그 조직에서 주목받는 은사를 받고 호의를 얻기 위해서 가족들의 기본적인 필요가 희생된다.

집단 밖에 있는 사람들과는 거의 관계를 맺지 않는다: 관계는 다른 해로운 믿음의 신자들에게 제한된다.

다른 사람들을 영입: 중독자들은 다른 사람들을 해로운 믿음으로 끌어들이려고 하지 신께로 인도하려고 하지 않는다.

자가 치료: 종교 경험은 중독자의 고통을 치료하는 중독적인 절정감이 된다. 날마다 새로운 종교적 절정감이 추구된다.

절정감이 일어나지 않으면 실망한다: 중독자는 위로를 가져다주는 정서적 카타르시스를 갈망하기 때문에 해로운 믿음이 이를 가져다주지 못할 때는 다른 형태의 위로를 찾는다.

이중 중독: 종교적 절망감에서 주어지는 기쁨이 사라지면 먹고, 마시고, 부적절한 성관계를 갖는 것과 같은 다른 중독들이 발전한다.

거절을 다루기가 힘들다: 집단에 동참하는 것을 거절하는 사람들은 그 거절감을 극복하기 위해 무시된다.

모든 것을 망하게 하는 신앙 실천: 중독자의 삶에서 모든 측면은 해로운 믿음에 영향을 받는다.

항상 신앙을 증진시키기 위한 방법들을 찾는다: 모든 활동은 집단과 그곳의 믿음에 대해 말하기 위한 방편으로 사용된다.

특별한 은사의 발견과 사용: 스스로 만들어낸 재능과 진정한 영적 은사는 착취하고 조종하기 위해서 사용된다.

특별한 기름 부음을 받았다고 주장한다: 중독자는 신께 신앙이 약한 사람들에게 주신 것보다 더욱 독특한 사명과 은사를 주셨다고 믿는다.

점증하려는 부담감: 무언가를 하려는 노력과 기쁘게 하려는 충동이 멈추지 않는다.

생존을 위한 참여: 중독자는 정신적 대변동을 받아들이거나 감행하는 것 외에는 다른 선택의 여지없이 그 체계에 사로잡히게 된다.

심해지는 부인: 중독자는 마술적 사고 때문에 지불되어야 할 대가를 올바로 바라보지 못하고 신앙의 실체에 대해 의심하려고 하지 않는다.

종교 중독 말기 단계

절망: 중독자는 해로운 믿음이 바라던 결과를 가져다주지 못하기 때문에 희망이 없음을 느끼기 시작한다.

기괴한 행동: 무언가 잘못되었다는 것을 알고도 믿음을 변화시키는 것을 거부하기 때문에 중독자는 마음의 중심보다는 외적인 행동을 변화시켜서 문제를 해결하려고 시도한다.

분노의 화: 중독자의 세계가 무너지면서 다른 모든 사람이 비난을 받게 되고 모든 사람이 분노의 원천이 된다.

믿음에 대한 강박적인 사고: 중독자는 신앙에 무엇이 잘못되었는지를 계속적으로 의아스럽게 여기면서 자신이 완전히 집중할 수 없을 때까지 온갖 믿음 체계에 대해 의문을 가져보고 숙고해 보고 생각해본다.

깊은 우울증: 믿음의 붕괴로 더 이상 기능할 수 없게 된다.

신체적 퇴행: 우울증과 스트레스는 신체에 해를 끼쳐서 피로와 식욕부진, 의학적인 합병증을 유발한다.

침체: 일단 신앙을 잃으면 그 외의 모든 것에도 상실감을 느끼며 아무것도 할 수 없고 과거의 실수에 대한 강박관념을 갖는다.

다른 해결책을 찾음: 중독자는 다른 자원으로 도망가려고 하기 때문에 음식, 약물, 성과 같은 다른 중독들이 강화된다.

두려움: 커다란 불안감을 경험하기 때문에 중독자는 각 사람을 위협적인 존재로 보면서 모든 사람을 두려워한다. 중독자는 해로운 믿음 체계에 계속 머물러 있는 것을 두려워할 뿐만 아니라 떠나는 것도 두려워한다.

재정적인 몰락: 직장과 관련된 문제와 재정에 대한 무책임은 흔히 재정적인 몰락을 가져온다.

가정의 붕괴: 스트레스와 불신이 가족 관계를 파괴시키고 불륜과 이혼으로 귀결된다.

막다른 골목에 이름: 자기 의지와 조종이 더 이상 힘을 발휘할 수 없기 때문에 중독자는 중독을 포기하고 신께로 돌이킨다.

그랜드 마틴은 그의 저서를 통해 종교 중독이 습득, 자기 통제 상실, 삶의 파괴에 거쳐 진행된다고 밝힌다.[9]

마틴에 따르면 1단계는 종교적 체험으로 인한 도취에서 시작된다. 다양한 체험은 중독자로 하여금 하나님과 함께한다는 착각에 빠지게 한다. 하나님이 아닌 체험에 바탕을 두고 사람, 기관, 이념, 행동 등에 더 큰 관심을 보이기 시작하는 단계다.

2단계는 통제력 상실이다. 중독자는 자신의 종교 행위가 어떤 이유로 이루어지는지 설명할 수 없다. 단지 그렇게 해야 한다는 생각뿐이고 이 단계에서 지도자의 권위를 추종하게 된다.

3단계는 삶의 파괴다. 중독자는 이제 중독 원인에 완전히 몰입된다. 중독된 행위를 그만둘 수 없는 건 두려움 때문이다. 이런 중독자의 삶은 대부분 엉망진창이 된다.

중독은 자신이 처한 고통을 회피하려는 데서부터 시작된다. 고통을 피해 약물 등을 과다 사용해 약물 중독이 일어나는 것처럼, 스스로가 처한 환경을 하나님이 아닌 다른 종교적인 행위로 해소하는 단계에서 출발한다.

---

9) 그랜드 마틴, 『좋은 것도 중독이 될 수 있다』(임금선 역, 생명의말씀사, 1994), 220-224.

하나님을 인격적으로 경험하지 못한 상태에서 사람과의 관계 혹은 신비한 체험을 통해 자신의 고통의 문제를 일부 해소했다면 그는 고통을 해소 해준 관계나 체험, 또 다른 무엇인가를 찾고 의존하게 된다. 의존은 집착을 낳고 집착은 중독을 낳는다.

종교 중독 자가 진단표

전문가들이 제시한 다양한 종교 중독 자가 검사 중 한 가지만 소개한다. 그랜드 마틴은 종교 중독 여부를 판단하는 16가지의 항목을 담은 자가 평가서를 안내했다.[10]

질문

1. 당신은 원인을 이해하지 못하면서 감정적이 되거나 때때로 상황에 민감하게 반응하는가?

2. 당신은 종교적 상황, 즉 결혼식, 장례식, 음악회, 예배에 참석했을 때 으레 강렬하고 격앙된 반응을 보이는가?

3. 당신은 강력한 인물에게 쉽게 끌리는 자신을 발견하는가?

---

10) 그랜드 마틴, 『좋은 것도 중독이 될 수 있다』 (임금선 역, 생명의말씀사, 1994), 224-225.

4. 당신은 어떤 진리에 대해 너무 확신하기에 다른 사람의 사고나 의견을 경청할 때 어려움을 겪는가?

5. 당신은 매우 명료하고 단정적인 의견과 가치관을 신봉하는 편인가?

6. 당신이 특정 진리나 가치관을 확신하게 되었을 때 그것에 대해 자주 이야기하는가?

7. 당신은 영적 문제에 대한 당신의 생각을 사람들이 받아들이지 않는다는 이유로 최근 3개월에서 6개월 정도 교회에 나가는 것을 중단한 적이 있는가?

8. 당신의 현 교제권이나 후원 조직에 속하지 않은 사람들을 용납하지 못하는 당신을 발견하는가?

9. 당신의 교제권에 관련된 모임에 여러 번 참석하지 못했을 때 죄책감을 느끼는가? 아니면 당신이 추종하는 라디오 또는 TV의 강사나 설교자의 설교를 여러 번 듣지 못했을 때 죄책감을 느끼는가?

10. 당신의 가족이나 친구들의 충고를 무시하고 교회나 영적 지도자에게 바칠 헌금과 헌물의 양을 늘렸는가?

11. 기도회, 금식, 예배 등과 같은 영적 활동에 빈번히 참석하는데도 불구하고 성취감과 목적 달성의 결핍을 여전히 체험하는가?

12. 당신은 당신의 최근 종교적 신념이나 활동에 대해 함께 이야기하지 않는 가족, 친구, 동역자들을 의심하는가?

13. 당신은 당신의 사고와 선생의 사고를 다른 사람에게 확신 시키기 위해 많은 시간을 소비하는가?

14. 당신은 두통, 요통, 위경련, 헛소리, 수면 또는 식욕 장애, 불안, 우울 등의 신체적 고통을 느끼고 있는가?

15. 당신의 친구와 가족들이 근래의 당신의 영적 연루 (involvement)에 대해 물은 적이 있는가?

16. 당신의 영적 신념과 활동의 결과로 별거, 이혼, 법적 조치, 교회 분리 등과 같은 파탄을 경험했는가?

평가

1. 8개 이상의 항목에 "예"라고 답했을 경우 종교 중독이 심각 한 상태일 가능성이 높아 즉각적인 제재와 변화가 필요하다.

2. 3~7개의 항목에 "예"라고 답했다면 종교 중독의 가능성이 높다. 당신의 욕구를 인정하고 도움을 받기 위한 조치를 간 구해야 한다.

3. 1~2개의 항목에 "예"라고 답했다고 심각하지 않다고 할 수 없다. 항목을 살펴 염려할 사항이 있는지 세밀하게 평가하 라.

종교 중독 어떻게 회복하나?

종교 중독자들은 종교를 이용해 자신이 당면한 문제를 해결하려는 사람들이다. 종교 중독의 문제뿐 아니라 극복해야 할 문제(학대로 인한 상처, 관계로 인한 상처 등)는 정작 따로 있는 경우가 많다. 치료가 쉽지 않은 이유다. 그럼에도 회복을 위해서 다음 몇 가지를 시도해야 한다.

첫째, 부인을 부인해야 한다. 모든 중독자들은 자신이 중독자라는 사실을 인정하지 않는다. 어느 정도 문제의식을 가진 경우라도 의지만 발휘하면 금세 해결할 수 있다고 스스로에게 세뇌되어 있다.

종교 중독도 마찬가지다.

하나님을 위한 신앙의 열심을 중독이라고 받아들이는 사람이 얼마나 있을까? 종교 중독으로부터의 회복은 자신이 중독이 아니라고 부인하는 것을 부인하는 데서부터 시작된다. 가족의 역할이 중요하다. 종교 중독자의 신앙의 행위가 가족에게 어떤 영향을 미쳤는지, 공동체 안에 어떤 열매를 맺었는지를 직시하게 만드는 일이 중요하다. 그의 신앙이 하나님의 뜻이었는지, 하나님의 뜻을 빙자해 자기만족을 성취하기 위한 수단이었는지를 성찰하도록 만들어야 한다.

둘째, 종교 활동을 중단하고 하나님의 말씀에 귀를 기울여야 한다. 종교 중독은 하나님 중심이 아닌 사람 중심, 일 중심의 종교생활이 극단적으로 나타난 형태다. 교회 안에서의 일을 중단하고 거룩과 경건한 신앙생활을 회복해야 한다. 교회는 이 일을 도와야 한다.

당장 세울 리더와 일꾼이 없다고 그에게 계속 일을 맡기는 건 맹인이 맹인을 인도하는(마15:14) 환경을 만들 뿐이다. 종교 중독자에게 필요한 것은 "완전하여 영혼을 소성시키며, 확실하여 우둔한 자를 지혜롭게 하는"(시19:7) 하나님의 말씀이다.

스스로 말씀을 읽고 묵상하도록 습관을 길러주는 동시에 바른 해석을 할 수 있도록 목회자가 도와야 한다. 덮어놓고 아멘을 강요하기보다 성령의 지혜를 구하여 함께 말씀을 깨닫는 시간을 가져야 한다.

셋째, 건강한 공동체가 필요하다. 건강한 공동체는 추상적인 개념이 아니다. 건강한 공동체란 무엇일까? 흔히 건강한 공동체는 문제가 없는 공동체라고 생각한다. 아니다. 문제가 없는 공동체는 없다. 아무리 같은 하나님을 믿는 사람들이지만 살아온 환경, 상황, 가치관이 각기 다르다. 그런 사람들이 모여 어떤 일을 할 때 문제가 발생하지 않을 수 없다. 건강한 공동체는 문제가 없는 공동체가 아니라 발생한 문제를 해결하는 공동체다.

몇 해 전 한 보수적인 교단 총회에 취재를 갔다. 동성애에 대한 논의가 이뤄지고 있었다. 한 총대가 교회를 다니고 싶다고 찾아온 동성애자에게 받아들일 준비가 되지 않았으니 길 건너 교회를 갈 것을 권했다고 했다. 이 말을 들은 총대들은 소리 내어 웃었다. 그리곤 아무 일 없었다는 듯 다음 논의를 이어갔다.

총대는 교단의 리더들이다. 적어도 한 총대 정도는 손을 들고 "교회를 찾아오는 동성애자들을 어떻게 할지 논의해 봅시다"라고 말했어야 정상이다. 동성애자, 중독자들에게 유일한 희망은 복음이다.

복음을 전해야 할 교회가 그들을 어떻게 바라보는지 생각하지 않을 수 없다. 지금 내가 속한 공동체가 건강하다고 말할 수 있으려면, 문제가 있는 사람이 찾아왔을 때 회복시킬 수 있는가를 따져야 한다.

이런 공동체는 일군이 아닌 진정한 그리스도의 제자들이 모였을 때 만들 수 있다.

제자를 양성하기에 힘쓰는 목회자와 구성원이 모인 공동체가 필요하다. 바울은 교회를 그리스도의 몸으로 비유하며 서로 연결하고, 연합하여 세워져 간다(에베소서 2장)고 말한다. 우주적 교회는 그리스도가 다시 오실 때까지 계속해서 확장된다. 지역 교회이자 동시에 우주적 교회의 건강한 일원이 될 수 있도록 건강한 공동체가 돌보아야 한다. 중독자는 건강한 공동체 안에서 양육과 훈련을 받아 하나님 중심의 신앙을 회복할 수 있다.

중독과 세뇌의 관점에서 본 사이비 종교

종교 중독의 문제를 다룰 때 사이비의 문제를 간과해서는 안 된다. 사이비는 왜곡된 집단지성의 최악의 예로 종교 중독의 절정이다.

정통교회 안에도 일부 종교 중독자들이 존재한다. 하지만 사이비 종교 신도들은 거의 대부분 종교 중독자들이다. 사이비 종교는 단순히 잘못된 교리를 믿는 집단으로 이해하기보다 종교 중독과 세뇌의 관점에서 볼 필요가 있다.

사이비는 다양한 개념을 함의한다.

'겉으로 보기에는 비슷한 듯하지만, 근본적으로는 아주 다른 것'이라는 한 문장의 사전적 정의는 사이비를 전부 표현하기에 부족해 보인다. 사이비 때문에 야기된 사회적 해악에 대한 우리의 기억은, 그들을 몇 줄의 텍스트로 간명하게 정의하기를 거부한다. 우리 사회의 다양한 분야에 사이비가 존재한다. 그로 인한 피해는 많은 사각지대를 발생시켰다. 사이비 의사, 사이비 과학자, 사이비 기자까지 나왔다.

제각각 다른 사이비의 공통점을 꼽으라면 허황됨에 있다. 검증 불가능한 치료책을 제시하거나, 자신을 영향력 있는 사람으로 포장해 타인을 기망한다. 사이비 종교야말로 허황됨의 정점을 찍는다.

특정한 인물을 신격화하고, 날짜를 정해 종말이 온다는 교리 등으로 사람들을 미혹한다. 정상적인 사고방식으로는 사이비 종교의 교리를 믿을 수 없기 때문에 왜 사이비에 빠지는지 이해할 수 없다는 반응이 절대다수다.

하지만 사이비에 빠지는 이유는 교리 때문만이 아니다. 최근 신천지 탈퇴자 중 신천지의 핵심이라는 실상 교리를 줄줄 꿰고 있는 사람은 많이 보지 못했다. 교리만으로 이들이 지탱되지 않는다는 뜻이다.

사이비는 진즉 '관계'를 이용해 왔다. 친밀한 인간관계는 때론 교리보다 더 중요하게 작용한다. 신천지 교리가 틀렸지만 신천지에 남겠다는 사람들을 발생시키는 이유다. 사이비의 문제를 접근함에 있어 위에서 언급했듯 '이해할 수 없는 교리를 믿는 사람들의 집단'이라고 단순하게 치부하면 자칫 해결점을 찾기 어려워진다.

많은 이단 사이비 탈퇴자들을 만나며 발견한 흥미로운 사실이 있다. JMS(정명석)에 빠져있으면서 하나님의교회에 왜 빠지는지 이해할 수 없다는 반응을 보이고, 신천지에 빠져있으면서 JMS에 왜 빠지는지 알 수 없다는 반응을 보인다는 점이다. 각 이단 사이비가 가지는 특징이 있고, 해당 단체 빠진 사람은 그 고유함에 반응했다는 방증이다.

사이비 종교의 문제는 사람들의 사고와 심리의 관점에서 바라봐야 할 필요가 제기되는 까닭이다. 그중에서도 중독과 세뇌의 관점으로 사이비 종교 신도들을 바라보는 일은 그들의 사고를 이해하는 데 중요한 지점이 된다.

모든 사이비 종교는 세뇌로부터 시작한다. 교주를 믿게 만드는 일련의 성경공부 과정이든, 가족보다 우위에 있는 공동체가 있다는 사실을 믿게 만드는 관계 형성이든, 포교 대상자가 현재 가장 갈급해하는 부분을 집중적으로 채워주는 과정이 반드시 존재한다. 포교 대상자는 갈증이 채워지며 서서히 단체의 구성원으로 자리 잡는다. 세뇌와 중독이다.

어떤 형태의 중독이든지 중독자들에게서 유사한 행동 패턴이 나타나는 이유는 중독성 사고의 특징에 있다. 아브라함 J. 트월스키(편집자 주: 미국에서 태어난 유대인 랍비이자 정신폭력 전문가)는 자신의 저서 『중독성 사고』에서 중독자들에게는 사고의 왜곡이 일어나고 이것이 "화학 물질 사용과 반드시 관련된 것도 아니다"[11]라고 전한다. 그는 보고서를 제출하는 한 여학생의 예를 든다.

교수: "왜 아직 보고서를 제출하지 않고 있죠?"
학생: "이미 다 썼어요."
교수: "그럼 왜 아직 제출하지 않았나요?"
학생: "아직 손 봐야 할 것이 남았어요."
교수: "다 썼다고 하지 않았나요?"
학생: "네 다 썼어요."

---

11) 아브라함 J. 트월스키, 『중독성 사고』(이호영 외 2명 역, 하나의학사, 2009), 15.

이 대화에 모순이 있다는 사실은 상식이다. 하지만 저자는 중독성 사고를 하는 자들에게는 말이 되는 표현이라고 지적한다. 이 같은 사고의 왜곡 현상은 '중독자 자신의 생각에 빠져서 자기 자신을 기만'[12]하기 때문에 발생한다. 실상 사이비 종교에 빠진 이들과 교리토론을 하면 모순된 이야기를 반복하는 신도들의 모습을 발견하게 된다.

트윌스키는 중독자들을 상담할 때 이 지점을 간과하지 말아야 한다고 지적한다.

"중독자들이 자신의 왜곡된 사고에 말려들어 자기 자신이 그 희생양이 된다는 사실을 깨닫는 것은 대단히 중요하다. 그리고 그 중요성은 아무리 강조해도 지나치지 않다. 이점을 이해하지 못한다면 우리는 중독자들을 다룰 때 계속 좌절감과 분노를 느끼게 된다."[13]

이들의 왜곡된 사고의 특성을 이해하지 못한 채 상식적인 측면의 접근, 혹은 황당하고 허황된 교리를 믿고 있으니 정통신학만 주입하면 된다는 착각은 신도들의 회심에 큰 도움이 되지 않는다.

---

12) 아브라함 J. 트윌스키, 『중독성 사고』(이호영 외 2명 역, 하나의학사, 2009), 20.
13) 같은 책, 27.

트월스키는 "중독자들은 지난날의 기행을 곱씹으며 매우 황당해 한다"[14]라고 지적한다.

사이비 종교 신도들도 동일하다. 탈퇴자들은 자신들의 행동과 배운 교리들을 생각하며 황당해한다. 도무지 말이 안 되는 실체를 구원자로 믿고 있었으니 지난날의 모습을 후회하거나 부끄러워하는 일은 당연해 보인다. 탈퇴자들은 내가 왜 그것을 믿었는지 자문한다. 어쩌면 왜곡된 사고 때문이라는 간단한 답을 얻을 수도 있다.

왜곡된 사고는 현실 인지능력을 급격하게 저하시킨다. 중독의 본질은 '현실의 실상을 제대로 보지 못하는 경우'[15]라고 한다. 즉 자신의 현재 상황은 물론 본인이 믿고 있는 실체에 대한 객관적인 인지능력이 떨어지는 상황을 말한다. 늙은 교주가 죽지 않고 영원히 산다고 믿거나, 시신이 부패하고 있는 교주가 수일 안에 부활한다고 믿을 수 있는 이유는 위와 같은 중독성 사고로 설명이 가능하다.

---

14) 아브라함 J. 트월스키, 『중독성 사고』 (이호영 외 2명 역, 하나의학사, 2009), 27.
15) 앤 윌슨 섀프, 『중독 사회』 (강수돌 역, 이상북스, 2016), 299.

중독성 사고의 출발은 앤 윌슨 섀프가 『중독사회』에서 나열한 스무 가지 가량의 중독의 특성 중 하나인 희소성 모델 (혹은 제로섬 모델)로 볼 수 있다. 희소성 모델이란 물질(혹은 그 무엇)이 희소하여 모두가 골고루 나눌 수 없다는 전제에서부터 출발한다. 때문에 희소성은 집착을 낳고 집착은 중독을 낳게 된다.

"중독 시스템은 희소성 모델에 근거해 작동한다. 이 희소성 모델은 그 어느 것도 모든 사람들에게 골고루 돌아가기에 충분치 않다는 가정에 입각해 있다. 그래서 우리가 할 수 있는 한 많이 확보해 놓는 것이 좋다."고 말한다.[16]

사이비 종교는 구원(혹은 영생)을 빌미로 희소성 모델을 작동한다. 희소한 구원을 쟁취하기 위해 모든 것을 바치도록 유도한다. 특히 요한계시록에 기록된 상징 수 144,000을 실제 숫자라고 주장하며, 사람들로 하여금 144,001등이 되지 않도록 다그친다.

그때부터 신도에게 144,000 안에 드는 일은 단 한 가지 관심사이자 전 삶을 바쳐서 획득해야 하는 일이 된다. 신도

---

16) 앤 윌슨 섀프, 『중독 사회』(강수돌 역, 이상북스, 2016), 163.

는 '자신이 관심을 가지는 한 가지 외에는 그 어떤 것도 보지 못하는'[17] 터널 비전 현상에 빠지게 된다. 희소성과 터널 비전은 두려움의 전조가 된다. 144,001등이 되면 안 된다는 두려움이 신도의 삶을 짓누른다. 그럴수록 더욱 깊은 터널 속으로 들어가게 된다.

종말을 빌미로 신도들을 통제하는 사이비 종교도 희소성과 터널 비전을 작동한 모델로 볼 수 있다. 사람은 기본적으로 종말을 두려워한다. 종말은 개인적 종말과 총체적 종말로 구분할 수 있다. 개인적 종말은 죽음, 총체적 종말은 이 세상의 종말이라고 할 수 있겠다.

죽음을 두려워하는 이에게 영생을 담보하는 미혹, 총체적 종말을 두려워하는 이에게 종말의 때와 시를 알고 있는 우리와 함께하면 안전하다는 속삭임은 희소성 모델이다. 신도를 터널 비전에 빠지게 만드는 수단이기도 하다. 사이비 종교의 전형적인 특징이다.

"두려움은 우리로 하여금 (물질이든 과정이든) 중독에 의존하게 만든다."[18] 공포는 의존성을 불러온다. 신도는 자

---

17) 앤 윌슨 섀프, 『중독 사회』(강수돌 역, 이상북스, 2016), 188.
18) 같은 책. 205.

신의 두려움을 해결해 줄 수 있는 사이비 종교에 더욱 빠져들게 된다. 공포가 불러온 의존성은 보상독점구조를 낳는다. 보상독점구조란, 신도에게 필요한 모든 것이 사이비 종교로부터 채워지도록 만드는 구조다. 신도는 단체 밖을 보아서는 안 된다. 인터넷을 선악과라고 가르쳐 정보를 차단하는 일은 사이비 종교의 구습이다. 신도가 좋아할 만한 것, 신도에게 필요한 그 무엇을 단체 안에서 채워주어야 한다.

여기서 가족을 등지는 이유가 설명된다. 사이비에 빠진 사람이 가족을 등지고 사이비에 남아있는 이유가 무엇이냐고 묻는 자들에게 할 수 있는 대답은 "가족보다 더 나은 공동체가 있다는 사실에 세뇌되었고 중독되었기 때문"이다.

이소무라 다케시(일본의 의학박사이자 의존증 심리학자)는 자신의 저서 『이중세뇌』에서 사이비 종교에서 나타나는 보상의 독점과 의존증에 관해 설명한 바 있다.

"그 사람을 지배하기 위해서는 모든 보상이 교주의 손에서 부여되어야 한다. … 사이비 교단 이외의 인간관계를 전부 끊도록 만든 것이 그들의 일이다. '교주 외에는 믿을 수 없다'라는 상황을 만들어야 한다. 그러기 위해 가족으로부터도 떼어놓고 다른 인간관계도 단절시켜 독점적인 상황을 구축한다. … 사이비 교단의 보상 독점 구조는 의존증이 미치는 효과와 매우 닮았다. 왜냐하면 담배, 술, 약물, 섹스, 도박, 게임과 같은 의존증 행동은 도파민을 강제로 분비시켜 신경의 감수성을 저하시킴으로써 일상의 행복을 느끼기 어렵게 만드는 작용을 하기 때문이다. 어떤 행동을 해도 100퍼센트 즐길 수 없다. 식사든 일이든 휴식이든. … 이혼하자는 협박을 받아도 좀처럼 의존에서 벗어나지 못한다. 그들에게 아내와 아이는 이미 행복을 느끼는 대상이 아닌 것이다. 의존 대상 외에는 의지할 데도 없고 행복을 느낄 수도 없는 상황이 된 것이다."[19]

신도에게 사이비란, 가족이나 다른 그 무엇도 채워준 적이 없던 자신의 갈급함을 해소해 준 존재, 즉 보상을 주는 존재다. 보상을 맛본 신도는 더 이상 단체에서 벗어날 수 없게 된다.

정리하자면 교리 혹은 관계에 의해 세뇌되기 시작한 신도는 구원이라는 희소성 모델로 인해 터널 비전에 빠지고 두려움을 갖게 된다. 사이비 종교는 그 두려움을 보상독점

19) 이소무라 다케시, 『이중세뇌』 (이인애 역, 더숲, 2010), 75-79.

구조로 해결해 신도를 철저하게 자신의 사람으로 만들어 놓는다. 사이비 종교의 메커니즘이다.

이단 사이비 대처에 있어 교리 비판은 중요하다. 하지만 전부는 아니다. 옴진리교의 신도를 상담하며 관찰한 경험이 있는 일본의 한 심리 전문가는 옴진리교의 교주 아사하라 쇼코가 가진 소위 '아우라'를 넘어서지 않는 이상 상담은 불가능했다고 회상했다.

'사이비 종교는 정통 교리로 한 번에 무너트릴 수 있다'는 착각의 접근이 신도에게 때론 아무런 영향을 주지 못할 수도 있다는 뜻이다.

사이비가 유발한 두려움 때문에 보상독점에 사로잡힌 신도들의 중독과 세뇌를 어떻게 풀어갈 것인가를 고민할 필요가 있다.

일반적인 약물 중독 등도 회복의 최종적 단계를 사회복귀로 잡는다. 최종적으로는 학교나 직장 그리고 가정으로 돌아가 중독으로부터 벗어난 인간으로 생활함이 목표다. 단순히 잘못된 교리를 깨트리거나, 탈퇴시키는 것이 사이비 대처의 목표가 되어서는 안 된다. 나온다고 해결될 문제가 아니다.

일반적으로 중독자들은 현재의 삶보다는 미래의 삶을 중시하며 현실을 오히려 환상이나 착각으로 치부하는 경향이 있다고 한다. 현실을 왜곡된 사고로 부인하던 이가 사이비 종교를 탈퇴해 현실과 마주해 선다. 그가 사회의 건강한 구성원으로 자리 잡을 수 있기까지의 대안을 마련하는 것. 사이비 종교 문제 해결의 최종적 목표가 되어야 하지 않을까?

사이비 종교가 체제를 유지하는 방식

종교를 빙자해 허황된 교리를 설파하는 동시에 반사회적 문제를 일으킬 때 사이비 종교(이하 사이비)라고 부른다. 현재 대한민국은 사이비 교주의 숫자를 파악할 수 없는 실정이다. 신도도 매년 수만 명씩 증가하는 추세다. 사람들은 사이비에 빠진 신도들이 가족을 등지면서까지 시간과 물질을 바치는 모습을 보면서, "왜 저렇게 사는지 이해할 수 없다"는 반응을 보인다.

상식적으로 납득하기 어렵기 때문이다. 하지만 사이비는 단순한 상식적 접근이 아닌 중독과 세뇌의 관점에서 바라보아야 한다. 사이비는 중독과 세뇌를 기반한 메커니즘 속에서 자신들의 체제를 유지한다.

흥미로운 점은 각 사이비가 체제 유지를 위한 선택한 방법의 공통점과 차이점을 발견하는 데 있다. 먼저 공통점. 황당한 교리와 사회적 일탈이라는 기본 골격을 가진 사이비라면 어떤 곳이든 다음과 같은 공통점이 있다.

첫째, 관계다.

사이비는 애초에 교리보다는 관계로 접근하는 경우가 많다. 처음부터 종말의 일자를 안다거나, 한국 땅에 살아있는 어떤 사람이 구원자라고 밝힐 수는 없기 때문이다. 친구는 기본이고 공통의 관심사를 가진 사람들의 모임을 이용하거나 때로는 이성으로 다가온다. 독박 육아에 지친 여성들을 찾아다니며 집안일을 해주는 등 포교 대상자의 필요를 채워준다.

사이비도 사람들이 모인 곳이다. 긍정적인 만남은 관계를 돈독하게 만들고 마음을 열게 한다. 사이비 신도들은 진리로 무장해 있다는 교리적 동질감에 사이비라고 핍박받는다는 피해의식까지 더해진 독특한 형태의 끈끈한 결속력을 지닌다. 사이비의 교리가 잘못된 것을 알고도 그곳의 사람들이 그리워 다시 사이비로 돌아가는 사람이 있다는 사실은, '관계'가 교리만큼 때로는 그 이상으로 사이비를 유지하는 견고한 지탱점이라는 방증이다.

둘째, 교리와 공포심이다.

교리는 사이비가 유지되는(혹은 사람들이 사이비에 빠져있는) 중요한 이유다. 특정 사람을 구원자로 믿지 않는다면, 특정 날짜에 종말이 온다고 믿지 않는다면, 어떤 조건을 채움으로 새로운 시대가 열린다는 사실을 믿지 않는다면 굳이 그 단체에 시간과 몸을 바칠 이유가 없다. 앞서 언급한 관계 때문에 사이비에 남아있는 사람은 물질과 시간을 맹목적으로 바치지 않는다.

사이비는 교리를 이용해 신도들에게 공포심을 조장한다. 종말의 일자를 정하거나, 구원의 탈락 가능성을 제시하며 신도들을 옥죄는 것이 대표적인 예다. 앞선 '중독과 세뇌의 관점에서 본 사이비 종교'에서 제시한 바와 같이 공포심은 그것을 해결해 줄 것 같은 단체 수뇌부에 더욱 의존하는 현상을 불러온다. 수뇌부는 공포와 이완을 적절하게 활용함으로 보상독점구조, 즉 신도가 느끼는 갈급과 공포를 사이비 안에서만 해결 가능하도록 만든다. 신도는 외부에서 공포심을 해결할 수 없기 때문에 계속 사이비에 남을 수밖에 없다.

관계와 교리가 기본 골격이라면 사이비는 각 단체의 특

성에 따라 자신들의 체제를 유지하는 방법을 가지고 있다. 한국 사회에 가장 큰 교세를 갖추고 많은 피해를 양산하는 신천지와 하나님의교회를 각각 살펴보면 차이점을 발견할 수 있다.

먼저 신천지의 실상 교리와 대형 행사를 이해할 필요가 있다. 신천지의 캐치프레이즈는 "말씀대로 이루었다"이다.

신천지에는 요한계시록의 비유, 상징 등을 신천지 역사에 대입해 풀어내는 일명 실상 교리가 존재한다. 쉽게 말하면 '요한계시록 몇 장, 몇 절의 기록된 이야기는 신천지에서 언제 일어났던 사건'이라는 조잡한 짜깁기식 성경 풀이다. 신천지 신도들이 근거 없는 교리적 자신감에 사로잡혀 정통교회를 향해 교리 비교를 하자고 달려드는 이유다. 실상 교리는 계속 변경되어 왔다.

그럼에도 다수의 신도가 여전히 실상교리에 목매는 이유는 실상 교리 자체에 의미를 부여하기 때문이다. 신천지에서 열성적으로 활동하는 20대 젊은 청년 중 다수는 실상 교리를 줄줄 꿰기보다 '실상=진리'라는 대명제에만 동의하고 있을 뿐이다.

이 대명제가 말씀대로 이루었다는 캐치프레이즈를 완성

하는 정점이기 때문에 신천지를 유지하는 근거가 된다.

최근 몇 년간 신천지가 공들여 진행해온 평화행사는 신천지를 유지하는 또 하나의 주요한 요인이다.

신천지는 신도 14만 4천 명이 채워지면 신천지 시대가 열린다고 주장했다. 하지만 신도 수는 이미 20만 명에 육박한다. 신도들에게 새로운 자극을 심어야 하는 지점에서 신천지는 평화행사 카드를 꺼내 들었다. 거의 모든 신도가 투입되어 진행되는 대형 평화행사는 최근 몇 년간 신천지를 유지하는 가장 큰 힘이었다. 행사에는 신천지의 교리는 물론 신도들을 단속하고 결속력을 높이려는 수뇌부의 속내가 고스란히 반영되어 있다.

신천지의 평화행사에는 많은 외국인이 초청된다. 외국인들의 참석은 신도들에게 중요한 의미가 있다.

신천지는 요한계시록 7장 9절의 '흰 옷을 입고 나오는 아무도 능히 셀 수 없는 큰 무리'를 '흰 무리'라고 부른다. 이들은 인 맞은 신도 14만 4천이 채워지면 하늘의 순교한 영혼들과 합일한다고 믿는다.

신천지의 가장 핵심 교리인 신인합일이다. 신인합일이

이뤄지면 회개하고 돌아오는 존재가 흰 무리다.

신천지 수뇌부는 대형 행사를 기획하며 "외국에서 흰 무리가 몰려든다"라고 가르치기 시작했다. 평화행사에 참석하는 외국인들을 흰 무리로 지칭한 셈이다. 행사에 참석하는 외국 인사들이 전직 대통령이든 현직 장관이든 간에 신도들에겐 신천지 교리를 확증하기 위한 도구일 뿐이다.

신도들은 그들을 보며 '흰 무리가 몰려온다'는 착각에 빠진다. 또한 수만 명의 사람들이 참석하는 행사에서 군중심리로 인한 심리적 안정감을 누린다.

'이 많은 사람이 함께 하고, 외국의 유명인사들이 찾아오는 데 진리가 아니라고?'

사이비는 편향된 집단지성의 최악의 예다.

하나님의교회는 시한부 종말론으로 자신들의 체제를 유지해 왔다. 하나님의교회는 1988년부터 2012년 사이에 수차례 종말이 온다고 주장했다. 특이점은 종말을 주장하면서 건물을 지속해서 건축 혹은 매입을 해왔다. 종말 분위기가 최고조에 달했던 2012년에는 전국 29곳에 건물을 세웠다. 모순이다.

하나님의교회는 교리로 모순을 극복했다. 하나님의교회

는 종말을 이용해 신도들에게 공포감을 심는 동시에 도피처를 제시했다.

도피처는 '시온' 즉 하나님의교회다. 신도들은 "북방에서 큰 재앙과 멸망이 시작되면 시온으로 도피하라!"고 교육받아왔다. 탈퇴자들에 따르면 '북방'은 '북한'을 뜻하고 핵 도발을 기점으로 재앙이 시작되는데, 이때 하나님의교회 건물로 도피해야만 살아남을 수 있다.

도피처 건축은 신도들의 재산을 갈취하는 좋은 명분이었다. 신도들은 "종말이 오므로 재물을 땅에 두기보다 하늘에 소망을 두라.", "하나님께 제일 큰 축복을 받을 수 있는 방법은 하나님의 성전을 짓는 데 필요한 자금을 드리는 것"이라는 설교를 반복적으로 들었다. 적금과 보험 해약은 물론 자가에서 전세로, 전세에서 월세로 집을 옮기면서까지 헌금하는 신도들도 있었다.

건축헌금은 하나님의교회 재정의 가장 큰 부분을 차지한다. 건축헌금이 십일조 보다 일만 배 이상인 지역도 있었다. 종말은 지난 수십 년간 하나님의교회를 지탱한 가장 강력한 동력이었다.

문제는 종말의 실패다. 하나님의교회피해자가족모임(하

피모) 회원들은 최근 몇 년간 꾸준히 하나님의 교회 앞에서 시위를 해왔다. 자연스럽게 출석 신도 수를 가늠해 볼 수 있었다.

피해자들의 현장조사와 탈퇴자들의 증언을 종합하면, 2000년 중반 이후 하나님의 교회 교세는 급격히 줄었다는 결론에 이른다. 종말의 실패가 불러온 결과라고 해도 과언이 아니다.

사이비는 수뇌부가 의도했든 의도치 않았든 다양한 방식으로 자신들의 체제를 유지하고 있다. 그 근간을 찾아 비판하고 폭로하는 일이 효과적인 사이비 대처법이다.

종교 중독은 무섭다. 약물 중독과 같은 일반 중독과 비슷하게 뇌구조가 변형된다. 결국 사람의 육체와 영혼을 피폐하고 비참하게 만든다.

Chapter 5

중독의 덫과
탈 중독의 틀

Chapter 5

중독의 덫과 탈 중독의 틀

유다서 1장 11~13절에는 중독자들이 세트로 나온다. 유다서는 하나님의 사랑 안에서 자신을 지키지 못한 세 사람을 언급한다. 가인과 발람 그리고 고라이다.

화 있을진저 이 사람들이여,

가인의 길에 행하였으며 삯을 위하여

발람의 어그러진 길로 몰려갔으며

고라의 패역을 따라 멸망을 받았도다

(유다서 1:11)

흥미롭게도 이들은 하나님을 알고 만난 사람들이었지만

모두 불행하게 인생을 마감하였다. 그들을 살펴보면서 우리는 어떻게 조심해야 할지 고민해야 한다.

중독자 가인

첫 번째 중독자는 가인이다.

"가인이 무슨 중독이야?"라고 말할 수 있다. 그러나 가인에게는 다양한 중독의 현상이 나타났다. 가인은 아주 교만하고 자만하였다. 자신만 사랑하는 '자기애 증후군'을 가지고 있었다.

"교만한 것? 자만한 것? 그게 뭐 어때서요?"라고 질문할 수 있다. 자신이 더 존귀해야 하는 사고가 심해지면 자기애에 빠지게 된다. 정신적, 심리적으로 병들게 된다.

가인은 하나님께서 아벨의 제사를 받자 "내 것은 안 받고 아벨의 것은 받으시네!"하며 분노하였다. 가인은 자신의 예배가 받아지지 않자 마음이 상하였다. 그럴 수 있다. 그러나 가인에게 그 상처는 분노로 이어졌고 결국 아벨을 증오해 살해했다.

이후 하나님께도 "하나님 내가 내 동생을 돌보는 자입니까?"라며 도전하였다. 하나님께도 폭언을 내뱉으며 반문을 하였다.

폭언이 쌓이면 폭력적이 된다. 지적으로 그리고 심적으로 살인을 하게 되고, 마침내 불행하게도 육체적 살인으로 이어지게 된다.

왜 죽였을까?

자신이 더 인정받아야 되는데 그렇지 못했다. 자신이 더 존귀한 자인 줄 알았는데 그렇지 않게 느꼈다. 아벨이 자신보다 더 사랑받는것 같아 살인을 했다. 자기애 증후군은 폭언에서 폭력으로 나아간다. 마침내 돌로 쳐서 살인하게 한다. 이렇게 중독은 고구마 줄기처럼 세트로 묶여 있다.

폭언과 폭력 그리고 남을 살인하는 자는 거짓말을 아주 쉽게 한다. 거짓말을 계속해서 하면 '리플리 증후군', 즉 허언증에 걸리게 된다.

거짓말 증후군에 걸리면 자신이 한 거짓말이 진짜 사실이라고 믿어 버린다. 아무런 죄책감이 없다.

방송에서 보도된 일이다. 한 여자가 결혼을 했는데 그녀 자신은 유명한 바이올리니스트이고 남편은 잘 나가는 의사였다. 결혼을 한 후 시어머니와 며느리는 서로를 이상하다고 했다.

제작진이 이 사람들을 관찰하고 촬영을 하였는데 며느리가 유명한 외국 대학을 졸업하였다는 것은 거짓말이었다. 모든 콩쿠르 대회에서 수상했다는 말도 거짓이었다. 친정집에 가 보니 여자가 낳은 6세 아이가 있었다. 접근했던 남자에게는 외국에서 공부하고 학원을 운영하는 학원장이라고 했다. 모든 것이 다 거짓말이었다.

이 남자 외에도 레스토랑의 젊은 사장과 내연 관계에 있었다. 내연남에게 바이올린을 사야 하는데 학원이 어렵다며 4천만 원, 이후에 돈이 더 필요하다고 3천만 원을 뜯어냈다.

여자는 경찰에 체포된 이후에도 계속 자신의 말이 맞다고 주장했다. 자기가 시어머니의 사주로 납치된 적이 있다고 말했다. 이 역시 자작극이었다. 남자가 어떻게 이럴 수 있냐고 떠나겠다고 하였다. 여자는 이혼도장을 찍어줄 테니 강변의 한 장소로 나오라고 하였다. 그런데 그 장소에 여자는 나오지 않았다. 촬영팀이 가보니 남자가 괴한들에게 납치되어 차 안에서 계속 얻어맞고 있었다. 촬영팀이 간신히 남자를 구했으나 실신한 상태였다. 여자는 자신이 그런 일을 꾸민 적이 없다며 오리발을 내밀었다. 약속 장소로 데리고만 오라고 했지 그렇게 지시한 적이 없다고 했다.

전형적인 거짓말 증후군이다. 거짓말을 지속하면 나중

에는 거짓말인지 진짜인지 모르게 된다. 거짓말을 감추기 위해서 폭력을 행사하거나 살인을 하기도 한다.

중독자의 착각이 있다. 예를 들어, 알코올 중독자들 대부분은 자신이 술을 조절할 수 있다고 이야기한다, 술을 많이 마시지도 않고, 특별히 남에게 피해를 끼친 것도 없다고 생각한다. 자신은 절대로 중독자가 아니라고 한다. 이런 생각으로 남도 속이고 자신도 속는다.

중독자는 감정조절에 어려움을 느끼고 자존감이 낮기 때문에 쉽게 화를 낸다. 반대로 자신의 잘못에 대해서는 쉽게 자책하면서 우울감을 느낀다. 중독자들이 우울증에 많이 걸리는 이유다.

가인처럼 폭력적이고 폭언하는 사람들이 오히려 우울하다. 자신이 원하는 대로 되지 않거나, 가고 싶은 대로 가지 못하게 막으면 견디지 못한다. 인내하지 못한다. 쉽게 좌절하거나 자살 같은 극단적인 선택을 한다.

재물의 중독자 발람

발람은 물질을 좋아했던 사람이다. 민수기 22~24장을 보면 알 수 있다. 발람은 선지자였다. 발락은 발람에게 사신들을 보내 이스라엘을 저주해 달라고 요구했지만 발람은 하나님이 "저주하지 말라"고 하셨기 때문에 거절하였다.

발락은 다시 이전보다 더 높은 고관들을 보내 원하는 모든 것을 줄테니 이스라엘을 저주해달라고 간청했다. 발람은 보물에 마음이 끌렸다. 그래서 밤에 하나님께 기도해 보겠다고 말했다. 하나님께서는 다시 저주하지 말라고 하셨다. 그러나 발람이 원한다면 따라가도 좋다고 하셨다. 발람은 물질을 얻고자 하는 마음을 버리지 못하고, 그들을 따라갔다.

하나님께서 바알 산당과 비스가산을 기점으로 해서 네 번을 말씀해 주셨다. 발람이 꼭대기에 올라갔다. 하나님께서는 "저주하면 안 된다! 축복하라!"고 하셨다. 네 번 중 한 번이라도 저주를 하면 발람이 보화를 얻을 수 있었다. 그러나 저주하지 못하도록 하셨다.

그때 발람이 꾀를 내었다. 어떻게 이스라엘 백성들을 망하게 할 수 있는지 발락에게 살며시 알려 주었다. 이스라엘의 족장들과 제사장들을 데리고 이방신들의 제의를 보도록 하였다.

그 당시 이방신들에게 하는 제의는 성적 행음이었다. 이방인들은 바알과 아세라 신들 앞에서 행음을 통해 신들의 마음을 기쁘게 하고, 다산의 결과를 가져온다고 믿었다. 신전들에는 남창들과 여창들이 수없이 많았다. 행음의 장면을 본 이스라엘은 음란에 빠졌다.

발람은 이스라엘이 성적 쾌락의 중독에 빠져 여호와의 진노를 받게 하였다. 이스라엘 백성 2만 4천 명이나 죽고 두령들은 목매달려 죽었다.

1 이스라엘이 싯딤에 머물러 있더니 그 백성이 모압 여자들과 음행하기를 시작하니라

2 그 여자들이 자기 신들에게 제사할 때에 이스라엘 백성을 청하매 백성이 먹고 그들의 신들에게 절하므로

3 이스라엘이 바알브올에게 가담한지라 여호와께서 이스라엘에게 진노하시니라

4 여호와께서 모세에게 이르시되 백성의 수령들을 잡아 태양을 향하여 여호와 앞에 목매어 달라 그리하면 여호와의 진노가 이스라엘에게서 떠나리라

5 모세가 이스라엘 재판관들에게 이르되 너희는 각각 바알브올에게 가담한 사람들을 죽이라 하니라

(민수기 25:1~5)

물질주의에 빠진 발람은 이스라엘이 이방신들의 제의에 동참하도록 만들었다. 발람은 돈을 탐욕한 선지자였다.

우리는 발람과 같은 길을 가고 있지는 않는가? 도박을 좋아한다면 발람의 길을 가고 있는 것이다. 로또도 그렇다. 로또가 왜 안 좋은 것일까? 하나님은 한 번도 성경에서 벼락같은 부자가 되라고 말씀하지 않으셨다. 땀을 흘리고 눈물로 씨를 뿌리는 자가 기쁨으로 단을 거둔다고 하셨다. 하나님은 한 번도 일확천금을 위해서 기도하라고 말씀하지 않으셨다.

기독교 중독 연구소의 유성필 소장은 교회를 다닌 신자였다. 신학교를 다니기도 했다. 그런데 도박 중독에 빠졌었다. 결혼할 때 이미 도박으로 1억 5천만 원의 빚을 지고 있었다. 도박으로 인생을 날렸다. 유 소장은 스포츠 도박인 토토에 빠져 인생을 망쳤다.

한 젊은이는 스마트폰으로 하는 토토 도박으로 32억 원을 잃었다. 한 번 도박에 빠지면 나오기가 쉽지 않다고 한다. 그러나 유 소장은 도박 중독의 피폐함에서 벗어나 다른 중독자를 구하려고 헌신하고 있다.

거짓의 소리를 들어 물질적 탐욕에 빠져서는 안 된다. 발람 선지자가 추구했던 길로 들어서면 안 된다. 예수님도 사탄에게 절하면 모든 것을 주겠다고 시험을 받으셨다. 그러나 예수님은 그런 유혹에 넘어가지 않았다.

이방의 제의는 이스라엘을 사망의 길로 가게 만들었다. 이단 사상도 마찬가지다. 이단적인 사상과 삶은 이방적 제의와 같다. 이단 사상은 우리의 삶을 곪게 한다.

정통 교리는 거짓말을 못하게 한다. 그러나 이단 신천지는 거짓말을 하게 한다. 참 진리는 우리에게 재앙이 아니라 미래, 평안, 소망을 주게 한다. 그런데 이단은 그렇지 않다. 자기의 체제를 위해서 하나의 소모품으로 사용해 버린다. 잘못된 신앙을 갖고 살면 중독처럼 삶이 피폐해진다.

발람은 이스라엘을 이방의 제의에 들어가게 만들어 이스라엘을 피폐하게 만들었다. 하루아침에 이스라엘 2만 4천 명을 죽게 만들었다.

스포츠도 하나님보다 우위에 있으면 이방적일 수 있다. 예배 후에 축구 혹 농구 경기가 있으면 예배에 집중을 할 수 없다. 그래서 나는 주일에 교회 공동체에서 운동 시합하는 것을 그리 반겨하지 않는다. 하루 종일 그 스포츠에 마음을 빼앗겨 버릴 수 있다. 운동이 예배시간 보다 더 중요하게 되어 문제가 발생한다. 예배 시간에 예배에는 관심이 없고, 경기에서 이기려고 작전을 짜거나 다음에는 어느 팀하고 경기를 할지 생각해서는 안 된다.

과하게 쇼핑을 하는 사람들이 있다. 쇼핑 중독으로 이어질 수 있다. 쇼핑이 중독이 되는 이유는 충동적이고, 제어가 안 되기 때문이다.

중독은 충동과 연결되어 있다. 헌금을 하는데 충동적으로 "오늘 2백만 원 해야지"하는 사람은 없다. 그러나 쇼핑할 때는 2만 원 밖에 없는데도 충동적으로 카드를 사용해 "20만 원 결제해 주세요!"한다.

하나님의 나라에 합당한 하나님의 사람은 충동적이지 않다. 하나님의 백성은 계획하고 기도하고 절제해야 한다. 성령의 9가지 열매 중 마지막은 절제이다.

성형 중독에 빠진 사람은 '더 예뻐져야 해!'하며 계속 성형수술을 받는다. 얼굴을 계속 고쳐서 결국 인조인간처럼 된다.

인터넷게임보다 더 무서운 게 스마트폰으로 하는 모바일게임이다. 스마트폰은 장소의 제약이 거의 없다. 화장실에서도, 잠자리에 들기 전에도, 길을 가면서도 할 수 있다. 스마트폰은 중독의 요소 중 접근성 측면에서 가장 뛰어나다. 우리나라 스마트폰 보급률이 90%에 달한다는 보고가 있었다.

하나님께서는 "너는 손목에 말씀을 메고 미간에 말씀을 붙이라"고 하셨다. 그런데 지금 우리는 스마트폰에 모든 머리와 손을 빼앗겨 버렸다. 스마트폰이 우리를 하나님의 손에서 완전히 벗어나게 하고 있다. 말씀묵상을 하지 못하게 한다. 경건 서적을 읽지 못하게 하고, 하나님의 사람과 교제가 있지 못하게 한다. 스마트폰이 신적인 존재가 되어 우리에게 없어서는 안 될 존재가 되었다.

"여호와는 나의 목자시니"가 아닌 "스마트 폰은 나의 목자시니"로 바꾸어야 할 정도이다.

하루에 음란물을 몇 분이나 시청하면 음란물 중독일까?

어떤 전문가는 하루 87분 35초 동안 한 행동을 계속하면 중독에 빠진 것이라고 한다. 물론 음란물 중독을 단순히 시청 시간으로 단정 짓기는 어렵지만, 대부분 전문가들은 하루에 1시간 30분 이상 음란물을 보고 있다면 중독에 빠져 있을 가능성이 높다고 이야기한다.

스마트폰과 인터넷으로 음란물을 즐기면, 음란한 생각에 사로잡히고, 음란행위를 하게 된다. 이런 음란 중독에 빠지면 다 발람의 길을 가는 것이다.

보는 것은 아주 중요하다. 소아성애자들을 대상으로 왜 이런 범죄를 저지르게 되었는지 물었다. 거의 대부분 아동 포르노물에 빠져 살았다고 하였다. 그런 소아성애 영상물을 본 사람은 아이에게 성적학대와 강간을 한다. 사람은 눈으로 본 것을 실행한다.

청소년들이 성추행을 하곤 한다. 왜 그럴까? 음란물을 많이 봐서 장난 삼아서 한다. 한 번은 한 청소년이 성추행으로 문제를 일으켜서 상담을 한 적이 있었다. 왜 그랬느냐 물으니 심심해서 음란물을 본 대로 따라해 봤다고 한다.

음란물에 대한 반응 6단계는 이렇다.

1) 호기심으로 접한다.

2) 자주 접한다.

3) 더 자극적인 것을 찾는다.

4) 무감각해진다.

5) 영상에서 본 것을 정상적인 성으로 잘못 이해한다.

6) 실습하고자 한다.

음란물에 중독되어 계속 음란한 장면을 보면 사람의 뇌는 마약에 중독된 뇌와 같아진다. 한두 번 본다고 이상한 변태가 되는 것이 아니다. 지속적으로 보면 자신의 뇌를 지배하고 나중엔 무의식적으로 실행한다.

담배도 처음에는 끊을 수 있다. 그런데 어느 단계를 넘어서면 인이 박히고 만다. 마약보다 더 끊기가 어려울 수 있다. 초등학생들 흡연율이 상당히 높아지고 있다.

행음과 짝을 이루는 물질들이 있는데 그중 하나가 마약이다. 술도 마찬가지다. 술을 계속 마시다 보면 행음으로 이어지게 된다.

노래방에 가는 것도 조심해야 할 이유가 있다. "노래방이 뭐가 문제인가요? 괜찮아요!"말하곤 한다. 찬송가를 부른다고 하는데 실상은 찬송가로 시작했다가 가요로 마친다. 친구와 놀러 갔다가 맥주를 마시고, 춤을 춘다. 그렇게 취해버리고 비참하게 추해지다가 본능에 충실하게 된다.

무엇보다 청소년기는 아직 뇌가 양적으로 질적으로 왕성히 발달하고 자라는 시기이다. 이 시기에 측두엽(귀 안쪽)에 위치한 중독 회로는 어느 정도 완성이 된다. 그런데 음란물, 술, 담배, 게임 등에 노출되면 중독에 훨씬 쉽게 빠져든다.

반면에 이성적으로 통제하고 목표지향적인 행동을 하며 중독을 조절하고 막아내는 역할을 하는 전두엽의 발달은 20대 중반이 되어야 완성이 된다. 그렇기 때문에 어린 나이에 중독이 되는 물질이나 행동이 습관이 되면 중독자의 삶을 살게 될 가능성이 높다.

중독에서 벗어나기란 매우 힘들다. 청소년들이 중독에 빠지지 않도록 부모나 어른들의 관심과 노력, 기도와 교육이 필요한 이유이다.

악은 어떤 모양이라도 버리라
(데살로니가전서 5:22)

처음부터 "우리 취하자" 이렇게 유혹하는 사람은 없다. 마시다 보니까 나도 모르게 서서히 취한다. 마약, 환각제, 알코올, 마리화나&담배 등이 음란과 짝해 발람의 길로 가게 한다.

대표적 5대 중독?

5대 중독에 빠진 사람을 910만 명으로 추산하고 있다.

인터넷, 음란물, 게임, 채팅 - 230만 명

알코올 - 210만 명

도박 - 210만 명

성 - 200만 명

마약과 약물 - 50만 명

중증 중독자를 300만 명 정도로 예상한다. 교회 안에도 중독에 빠진 다음 세대가 상당하다.

5대 중독의 폐해는 무엇인가?

1) 사회생활이나 대인관계가 원만하지 못하다.

2) 개인 건강에 지장을 준다.

3) 대인기피증, 우울증과 무기력증을 유발한다.

4) 자기 역량과 통제가 낮다.

5) 극단적 자기 과신 혹 비논리적인 추론과 선택을 한다.

6) 현실 왜곡과 회피의 방어기제가 강하다.

7) 부정적 정서가 두드러진다.

8) 소외감을 갖는다.

9) 현실 판단력 저하 & 가상 세계를 선호하고 의존한다.

10) 두려움과 염려가 극대화된다.

자신이 중독에 걸렸는지 체크할 수 있는 한 가지 사항이 있다.

'마약, 환각제, 알코올, 마리화나&담배' 이 단어에 내 마음이 두근거리거나 유독 한 단어에 뇌가 반응하고, 시선이 집중된다면 거기의 중독되었다는 사인이다.

'쇼핑'이라는 단어를 보거나 듣고 아무 느낌이 없다면 그 사람은 쇼핑 중독이 아니다. '담배'라는 단어를 듣는데 아무런 느낌이 없다면 담배 중독이 아니다. 반대로, '포르노'라는 단어를 듣고 양심이 찔린다면 그 사람은 이미 중독에 노출되어 있는 것이다.

아직 양심이 살아 있기에 찔리고, 반응한다. 중독에 걸려 있는 사람들을 보면 자신이 무슨 중독에 걸려 있는지 전혀 모른다. 옆에 있는 사람은 아는데, 정작 자신만 모르고 추하게 살아간다.

앞서 리플리 증후군에 걸린 '이상한 며느리' 이야기를 했다. 처음엔 남편, 시어머니, 내연남, 심지어 그녀의 친가족들 조차도 몰랐다. 그런데 나중에는 천하가 알게 되었다.

중독은 처음에는 알려지지 않는다. 그러나 후에는 추함이 드러나고 냄새가 난다.

망상장애자 고라

망상의 다섯 가지 유형이 있다.

1) 색정형: 유명한 사람이 자기를 열렬하게 사랑하고 있다는 망상을 한다. 사람들이 자신에게만 주목한다고 생각하는 사람들이다. 가령 내가 많은 사람들을 대상으로 설교를 하다 웃었는데, 어떤 망상장애자는 '나만 보고 윙크를 하셨어'라고 생각한다. 착각하면 안 된다.

길을 지나가다가 인사말로 "안녕, 다음에 봐"라고 했을 뿐인데 망상장애가 있는 사람은 '어머 나랑 결혼하자는 거 아냐?'라고 생각한다. 그것이 망상장애다.

2) 과대형: 위대한 그렇지만 알려지지 않은 능력을 가졌다는 망상을 한다. 내게는 아무도 볼 수 없는 위대한 능력이 있다고 생각한다. 그런 사람들이 건물과 건물 사이를 뛰어다니다가 밑으로 떨어진다. 슈퍼맨 영화를 보고 망토를 두르고 "슈퍼맨~!"을 외치며 뛰는 사람들이 있다. 초기 단계

에서는 소파 위에서 뛰어내리는 정도지만 중증이 되면 건물 사이를 뛰어다니게 된다.

3) 질투형: 망상이 배우자와 연관될 때 부부간의 편집증, 의부증, 의처증이 생긴다. 배우자의 시간, 장소, 환경 등을 볼 때 "분명히 문제가 있을 것 같아!"라며 이상한 망상을 연이어한다. 망상은 편집증적으로 이어진다.

4) 피해형: 음모의 대상이 되거나, 속임을 당하고 있다거나, 추적을 당한다는 망상을 한다. 자기는 감시받고 있으며, 주위 사람들이 자기의 험담을 한다고 생각한다. "나를 이상한 사람 취급하고 있어! 나는 추적당하고 있어. 빨리 도망가야 돼!"이런 말을 한다.

대형 교회에서 사역하던 여자 전도사에게 연락이 왔었다. 한 번 만나 줄 것을 요청해서 교회 내 카페에서 만나 이야기를 나누었다. 그 전도사는 어떤 이단자가 자기를 미행하며 괴롭히고 있다고 했다. 밤에 자신의 차를 뒤따라와 밤새도록 추격전을 하기도 하고, 교회 로비에 서 있으면 자신을 해하려고 한다고 했다.

한참 이야기를 나누고 헤어진 후 그 대형교회에 전화를 하였다. 정말, 이단자가 그렇게 미행을 하는지 물었다. 그

교회 부목사의 의견은 달랐다. 교회에서는 그 전도사가 피해망상이 있는 것이 아닌지 의문을 가졌다고 하였다. 조심스럽게 정신과 치료를 받을 수 있게 돕겠다고 했지만 그 전도사는 거절했고 결국, 사역을 그만두게 되었다고 했다.

5) 신체형: 피부에 벌레가 서식한다는 망상을 한다. 자신의 몸에서 자꾸만 벌레가 나온다고 한다. 또 씻어야 된다고 한다. 몇 시간 동안 샤워를 했음에도 금세 지저분하고 냄새난다고 씻겠다고 한다.

이 망상증후군이 우리에게 다 있다. "우리 교회가 나한테는 좀 잘 대해주지 않는 것 같아. 내 얘기는 안 들어 주는 것 같아. 저 사람이 나를 무시하는 것 같아. 저 사람보다 내가 했으면 더 잘할 수 있었는데 저 사람이 문제야!"라고 말한다.

민수기 16장에 보면 고라는 다단과 아비람과 짝을 지었다. 모세를 대항해 이렇게 말하였다. "우리가 모세보다 못한 것이 뭐가 있어? 하나님이 모세와만 이야기하셨나? 우리와도 함께 해 주시는데…" 하며 자신들도 괜찮은 사람들이라고 생각했다. 자신들이 모세보다 더 낫다는 망상에 빠졌다. 그러나 하나님은 그렇게 리더십에 대해 반감을 갖고, 순종하지 않은 고라와 그 따르는 무리들을 심판하셨다.

³² 땅이 그 입을 열어 그들과 그들의 집과 고라에게 속한 모든 사람과 그들의 재물을 삼키매

³³ 그들과 그의 모든 재물이 산 채로 스올에 빠지며 땅이 그 위에 덮이니 그들이 회중 가운데서 망하니라

³⁴ 그 주위에 있는 온 이스라엘이 그들의 부르짖음을 듣고 도망하며 이르되 땅이 우리도 삼킬까 두렵다 하였고

³⁵ 여호와께로부터 불이 나와서 분향하는 이백오십 명을 불살랐더라

(민수기 16:32~35)

하나님께서 "고라와 너희들 250명 향로를 가지고 와 봐!" 하고 그날 다 죽이셨다. 그리고 거기에 동조했던 14,700명이 하나님의 손에 죽게 되었다.

중독에 빠졌을 때 나타나는 폐단은 인격의 부작용이다.

"옛날에는 내가 이렇지 않았는데, 내가 왜 이렇게 되었지?" 느끼게 된다. 내가 아닌 다른 내가 마음속에서 뿌리를 내리고 나를 죽인다.

짧은 시간 쾌락을 즐기기 위해서 내가 일생동안 누려야 될 모든 열매들을 무너트리게 된다. 자신의 시간, 에너지,

물질을 탕진해 버리게 한다. 짧은 시간의 쾌락을 위해서 나의 시간과 물질과 중요한 것을 바쳐서는 안 된다. 자신에게 귀중한 것과 영원한 것을 지키기 위해, 이 땅에서 무가치한 것들에 시간과 마음, 그 모든 것을 탕진해서는 안 된다.

중독자를 검사해 보면 우울증에 빠진 사람이 많다. 자신감이 없고, 소외감을 느끼며 바깥세상에는 관심이 없고 오히려 차단해 버린다.

나만의 세계를 가지고 있다는 뜻이다. 가령 게임의 가상세계에서 레벨을 높이는 것에 몰두한다. 사탄은 "이 인터넷 세상에서 최고가 돼라!"하고 충동질하며 중독자의 자존감을 한껏 높인다. 일장춘몽(一場春夢)임을 알아야 한다. 하루아침에 꿈과 같이 다 없어진다.

우리는 중독의 폐단에 대해서 알아야 된다. 그리고 심각성을 깨우쳐야 한다.

유다서 1장 12~13절 말씀이 말하는 중독의 삶은 이렇다.
1 애찬에 암초요
2 자기 몸만 기르는 목자요
3 바람에 불려 가는 물 없는 구름이요
4 죽고 또 죽어 뿌리까지 뽑힌 열매 없는 가을 나무요

⁵ 자기 수치의 거품을 뿜는 바다의 거친 물결이요
⁶ 영원히 예비된 캄캄한 흑암으로 돌아갈 유리하는 별들
이라

이 말씀 속에 중독에 걸렸을 때의 폐단이 나온다.

'애찬에 암초'가 된다. 암초가 있으면 좋은가? 좋지 않는
가? 좋지 않다. 중독에 걸리면 내 삶이 다른 사람에게 암초,
나에게 암초, 하나님에게도 암초이다.

중독에 빠지면 발람과 같이 하나님과 이스라엘을 위해서
가 아니라 자기만 생각하는 목자가 된다. 묵직한 구름이 아
니라 물이 하나도 없이 불면 사라져 버리는 그런 구름 같은
신세가 된다.

풍성한 열매를 맺는 가을 나무가 되어야 하는데 중독에
빠지면 열매가 없다. 열매가 있어도 돌사과, 돌배처럼 딱딱
해 먹을 수 없다. 돌배는 단물이 없다. 딱딱하다. 팔 수도 없
다. 중독에 빠진 삶이 그렇다.

중독을 끊지 못하면서 헌신하고 섬기는 모습으로 자위할
때가 있다. "하나님 나 예배드리잖아요. 주님 나 헌금했잖
아요. 나 봉사했잖아요." 그러면서 중독에 빠져 산다. 이런
경우 영혼은 죽어간다. 결코 영이 살아있지 못하다.

예배는 드릴 수 있다. 경건의 모양도 있다. 그런데 경건의 능력은 없다. 성령님의 임재가 없다. 기쁨과 소망이 없다. 정말 죽은 존재로 생을 마감할 수 있다.

중독에 빠지면 성격이 나빠지고, 내적 평안이 없다. 게임을 하다가 누가 건드리면 신경질적 반응을 보인다. 아이들이 게임에 빠졌다가 눈을 뜨고 나오면 게임에 있는 캐릭터 그대로의 얼굴을 갖고 나온다.

성격, 기질이 바뀐다. 총을 쏘는 게임을 즐기면 즐길수록 나중에 누군가에게 총을 쏘고 싶어 한다. 게임에서 욕을 하면서 채팅을 한다. 누가 건드리면 방언 나오듯이 욕이 속사포로 나온다. 그렇게 하나님의 온전한 형상은 없어지고 타락한 중독자가 되어간다.

'유리한다'는 무슨 뜻인가?

중독에 빠졌을 때 방향을 잃고 방황한다는 의미다. 방황하면 방탕하게 된다. 그렇게 방탕하는 가운데 중독에 빠진다. 중독에 빠지면, 아무리 소명을 받은 자라도 소명을 잃고, 결국 비전과 사명을 이룰 수 없다. 계속 게을러진다. 일찍 일어날 필요가 없다. 중독자의 대부분이 해가 뜨면 자고 달이 뜨면 일어난다. 부모가 잠들면 스윽 일어난다. 컴퓨터를 켠다. 사방을 체크하고 몰입하면서 깊은 어둠의 세계로 들어가고, 유리하는 별들이 된다. 이렇게 유리하는 별이 되면 5년, 10년 뒤에 비전을 이룰 수 없고, 열매 없는 가을나무가 된다.

중독의 치료단계

그러면 어떻게 나와야 할까? 중독의 치료 단계가 있다.

첫 번째, 자각이다.

'아 내가 문제가 있구나'라는 사실을 알아야 한다.

가톨릭대 정신의학과 이해국 교수는 중독자가 정신과에 잘 오지 않는 것을 안타까워한다. 이해국 교수는 2019년 2월 11일 중독 세미나에서 이렇게 말했다.

"중독자가 정신병원에 오지 않는 이유는 정신질환에 대한 사회의 편견이 많고, 상대적으로 중독자들은 수치심이 매우 많기 때문입니다.

40, 50대들이 간경화 건강문제로 어쩔 수 없이 내과진료를 다녀오는 경우가 많은 것처럼 30년씩 앓은 알코올 환자들이 문제가 심각해져야 정신병원에 옵니다. 이들은 암으

로 치면 4기 말기 환자와 같은데 실제로 그 중독의 심각성을 깨닫지 못합니다."

중독에서 나오려면 스스로의 자각이 있고, 병원에 가야 한다. 예전에는 "뭐 좀 하면 어떻다고. 괜찮아!" 하였다면, 이제는 "어? 내가 문제가 있네! 내가 컨트롤이 안 되네! 내가 돈을 여기다가 너무 많이 쓰고 있네! 이것으로 내 삶과 인격에 문제가 있네!" 같은 각성이 필요하다. 이 단계에 들어오면 치료의 가능성이 있다.

두 번째, 공동체 속으로 들어와야 된다.

문제의 심각성을 자각하고 스스로 해결할 수 있다고 자신을 너무 과신하면 안 된다. 붙잡아 줄 동역자가 있어야 한다. 다윗은 요나단이라는 동역자가 있었다. 종교 개혁을 일으켰던 루터와 칼빈도 동역자가 있었다. 같이 기도하는 사람들이 있었다. 스펄전도 지하에서 기도하는 400명이 있었다. 함께할 사람들이 있어야 한다. 혼자는 안 된다. 공동체 속에 들어가야 한다.

예배라는 것은 그냥 잠깐 왔다가는 것이 아니다. 소그룹 모임에서 들은 설교를 기억하며 "나는 이런 인간인 것 같습니다. 날 좀 도와주세요. 저는 이렇게 연약한 사람입니다. 목사님, 저 좀 도와주세요." 이렇게 고백해야 한다. 공동체 속으로 들어와야 회복된다.

단순히 '아 내가 문제가 있구나'라고 생각하는 사람은 마치 거울을 보고 "저기 지저분한 사람이 있네!" 하고 지나가는 자와 같다.

공동체 속에 들어오면 치유가 일어난다. 사람이 사람에게 받은 상처는 하나님의 사람을 통해서 위로를 받고 회복이 된다. 하나님께서 직접적으로 치유해 주실 수도 있지만 주님은 함께하는 주의 백성을 통해 만지시기도 한다.

겨울에 혼자 있으면 춥다. 같이 있으면 그나마 따뜻하다. 각자 자신의 열을 뿜어내고 있기 때문이다. 이 열은 무시하지 못한다. 모여 있으면 열을 발산하여 더 따뜻해진다. 에너지를 받게 되어 있다. 같이 있기 때문에 이런 축복을 받는다.

좋은 공동체 속에 있기만 해도 위로를 받을 수 있다. 도전을 받고 하나님을 더 깊이 경험할 수 있다.

기러기는 먹이와 따뜻한 곳을 찾아 40,000km 비행한다. 기러기는 리더를 중심으로 V자 대형을 그리며 창공을 날아간다. 가장 앞에 날아가는 리더의 날개 짓은 기류에 양력을 만들어 준다. 뒤에 따라오는 동료 기러기가 혼자 날 때보다 71%정도 쉽게 날 수 있도록 도와준다.

뒤에서 비행하는 기러기는 먼 길을 날아가는 동안 끊임없이 울음소리를 낸다. 그 울음소리는 앞에서 거센 바람을 가르며 날아가는 선두 기러기에게 보내는 응원이다. 혹, 어느 기러기가 총에 맞았거나 아프거나 지쳐서 대열에서 이탈하게 되면, 다른 동료 기러기 두 마리도 함께 대열에서 이탈한다. 그리고는 지친 동료가 원기를 회복해 다시 날 수 있을 때까지 함께 해준다. 또는 동료가 죽음으로 생을 마감할 때까지 그 곁을 함께 지키다 무리로 다시 돌아온다. 공동체 속에 거할 때 돌봄을 받을 수 있다.

〈라파 치유 공동체〉를 섬기는 윤성모 목사는 대전에서 20여 년 중독 사역을 감당하고 있다. 2001년 영국에서 예수님의 이름으로 행해지는 중독치유 사역을 보고, 중독 사역에 헌신하기로 결단하고 뛰어들었다.

첫 3년 동안은 이렇다 할 성과가 없어서 너무 힘들었다고 한다. 그때 윤목사를 다시 일으킨 음성이 있었다.

"외양간에 소와 밭에 소작물이 없더라도 괜찮니? 마치 주님이 '나만으로 안 되겠니?' 라고 말씀하시는 듯했어요. 그리고 주님이 '네가 나의 열매다!'라는 말씀으로 위로해 주셨어요!"라고 윤목사는 고백했다.

"중독자들을 보면 두렵고 혐오스럽기도 하지만, 그 사람들의 속을 알고 사랑하기 때문에 사역을 할 수 있어요. 특히, '중독은 사랑의 결핍에서 오는 병'이에요. 교회는 낮은 곳, 아픈 곳으로 가야 하잖아요. 그래서 중독자들을 품어야 해요. 건강한 공동체가 중독자들을 조건과 편견 없이 사랑으로 품어 주어야 합니다."

중독은 정신병이기도 하기 때문에 치유를 위해서는 전문적인 공부가 필요하다. 무엇보다 교회 공동체에는 중독자를 치료하기 위해 기도하며 섬길 자가 필요하다.

중독을 치료하는 데 있어 교회 공동체 역할이 중요하다. 로마가 타락으로 망한 것처럼 21세기 인류는 중독으로 망할 수 있다. 중독에 빠지는 비율은 점점 더 높아만 가고 있다. 이런 세상 가운데 중독 치유의 희망은 교회이기에 교회가 중독자들이 진정한 자유를 누리도록 돕는 중요한 역할을 놓쳐서는 안 된다.

윤성모 목사는 공동체가 중독자들을 어떻게 치유할 수 있는지 방법을 이야기했다.

"공동체가 중독 사역을 제대로 하기 위해서는 중독자들에게 Like family가 아닌, family가 되어야 합니다. 진짜 가족이 아닌 가족처럼 대하면, 거리를 두고 돌보지 않지만 진짜 가족이라면 다가가서 사랑하고, 중독자를 자기 자녀로 품을 수 있습니다. '사랑만이 답'입니다. 그들의 이야기를 먼저 들어주는 것이 중요합니다."

또한, 중독자를 돌보는 일만큼 벼랑 끝에 있는 중독자 가족들도 돌봐야 한다. 중독 가정 심방 시 깊이 있게 듣고, 공감해 주어야 한다. 규칙적으로 보살펴야 한다. 그래야 중독자는 물론 그 가정도 숨을 쉴 수 있다.

교회 목회자와 목양하는 리더는 중독 나라에 파송된 선교사라는 사실을 잊지 말아야 한다. 이 혼탁한 세상에서 사탄은 수많은 사람들이 하나님을 떠나도록 강력한 덫인 중독에 빠지게 한다. 하나님을 저버리고, 등지게 한다.

세 번째, 사회적 구조와 개인적 틀을 깨야 한다.

사회적 구조와 개인적 틀을 깨는 것은 중독의 치료 단계에서 제일 중요한 것이다. 그렇다면 사회적 구조에 어떤 문제가 있을까?

이해국 교수는 이 사회에 중독이 갈수록 심각해지는 이유가 중독물을 생산하는 쪽이 소비하는 쪽보다 우위에 있기 때문이라고 한다.

중독물 판매는 일종의 쾌락을 파는 행위다. 중독물은 더 빨리, 더 큰 기쁨을 느끼고 싶어 하는 인간의 본성에 부합해서 점점 이윤을 낳는 산업이 되어가고 있다. 그렇게 사회에 중독이 만연하게 되는 것이다. 결국, 중독사회 개선을 위해서는 사회 구성원의 합의가 필요하지만 술, 마약, 음란물을 판매하는 사람들은 절대 이윤을 포기하지 않는다 것이 문제다.

이해국 교수는 개신교인이 아니지만 중독의 회복을 위해서는 영적 치료가 필요하다고 말한다.

"회복의 마지막은 영의 회복인데 이를 위해서는 종교가 그 대안입니다. 그런데 많은 종교들 중 기독교가 중독 치유와 회복에 가장 큰 해결책을 가지고 있습니다."

그런 이유는 무엇일까? 중독 치유의 핵심은 인생을 송두

리째 끌고 가던 중독의 자리에 그보다 더 강력한 무언가를 채워야 하기 때문이다.

개인적 틀을 어떻게 깰까?

지금 가지고 있는 틀을 완전히 깨 부셔야 한다. 그러지 않으면 중독에서 절대 나올 수 없다. 밤에 음란해지고, 사람들과 어울려 다니고, 술을 마시고 담배를 피우는 상태라면 변화의 틀을 선포하고 실천해야 한다. "나는 9시 이후로 교회에서 한 시간씩 기도하고 간다. 내 어둠의 문화를 바꿔버리겠다. 어둠의 문화가 아니라 새벽의 문화로 바꾸겠다. 예배의 문화로 바꾸겠다."라고 선포해야 한다.

중독에 빠져 있는 사람은 자기 실체를 모르는 특징을 가진다. 때문에 '아 내가 문제가 있구나. 내가 틀을 깨야 되는구나'라는 것을 자각해야 한다. 새벽을 깨우고 수요예배와 금요예배에 출석하며 신앙적으로 성숙해야 한다. 무질서한 삶의 틀을 유지하면 5년, 10년 후에는 지금보다 더 흉측한 존재가 될 수 있다.

와그너 힐

와그너 힐(Wagner Hills)이라는 곳이 있다. 캐나다 밴쿠버에 있는 힐링센터이다. 동성애, 알코올, 마약, 부모에게서 성적 학대를 받았던 사람들이 모여 있다. 그곳을 몇 차례 방문하였는데 복음의 생명이 흘러가 중독자가 회복을 받아 다른 중독자를 케어해 주는 공동체였다.

그 사람들은 매일 아침 6시에 일어나야 된다. 아침식사 후 다 같이 경건 시간을 갖는다. 두 시간 동안 예배하고 찬양하면서 성경말씀을 암송한다. 오후에는 누구도 예외 없이 노동을 하고 저녁이 되면 일기를 쓴다.

중독에 걸린 자가 상담사를 만난다고 모두 치료되지는 않는다. 10분, 20분 시간을 내주는 상담사가 모든 중독의 문제를 어떻게 해결해 줄까? 도박을 하지 못하도록 감금하면 도박의 중독이 사라질까? 아니다. 세상에 나오면 다시 도박에 빠진다. 도박한 자가 후회하고, 손목을 자르면 중독에서 빠져나올 것 같다. 그런데 손으로 못하면 발로도 도박을 한다.

중독의 무서움은 무엇인가?

중독은 50% 정도 유전된다고 본다. 예를 들어, 술을 많이 마신 아버지에게서 술을 좋아하는 아들이 나올 확률이 높다. 폭력적인 부모에게서 폭력적인 자녀가 태어날 확률이 높다. 그렇기 때문에 중독은 자신의 대에서 반드시 끊어야 한다.

중독자가 발버둥 쳐야 될 이유가 있다. 중독된 상태에서 결혼을 하면 배우자도 죽는다. 중독자는 상처를 주고도 그게 상처인지 모른다. 누굴 죽여도 그게 합당하다고 생각한다. 주님은 우리를 빛으로 부르셨다. 주님은 우리가 다시 태어나기를 원하신다.

중독에서 벗어나려면 카지노에서 없애 버린 것 세 가지를 가지면 된다. 시계, 거울, 창문이다.

첫째, 시계를 없애는 이유는 시간의 개념을 잊어버리게 만들기 위해서다. 둘째, 거울을 치우는 이유는 자기의 피폐한 몰골을 보지 못하게 하기 위해서다. 셋째, 현실 감각과 현실 세계를 보지 못하게 하기 위해 창문을 없앤다. 그렇게 중독에 더욱 빠져 살도록 한다.

결국 중독에 빠지지 않기 위해서는 어떻게 해야 하는가?
좋은 것에 중독되면 된다. 손양원 목사는 이런 자가 되라고 했다.

<　예수에 중독　>

나 예수 중독자 되어야 하겠다.

술 중독자는 술로만 살다가
술로 인해 죽게 되나니,

아편 중독자는 아편으로 살다가
아편으로 죽게 되나니,

우리도 예수의 중독자가 되어
예수로 살다가 예수로 죽자

우리의 전 생활과 생명을
주님 위해 살면 주 같이 부활된다.

주의 종이니 주만 위해
일하는 자 되고 내 일 되지 않게 하자.

　세상 중독은 사람을 '조종'하고 그 종말은 '파멸과 죽음'
이다. 그러나 예수 중독은 사람을 '인도'해 '생명'에 이르게
한다.
　예수님을 선택해야 한다. 경건의 틀을 가지고, 매일매일

주님께 자신을 드려야 한다. 예수님을 믿는 신앙을 선택하지 않으면 또 중독되고 결국 자신과 속한 공동체를 죽이고 파괴하는 자로 남게 된다.

만일 중독에서 자유하게 되었다면 이제는 다른 중독에 빠진 사랑하는 지체를 깨우고, 주님께 인도해야 한다. 그렇게 하시도록 주님이 먼저 나 자신을 중독이 넘치는 세상, 애굽에서 출애굽 시켜 주신 것이다. 중독의 덫에서 나와 탈 중독의 틀을 가지고, 세상에 중독에 빠진 수많은 영혼을 구해야 할 사명이 바로 이 글을 읽는 우리에게 있다.